讲给孩子的
老北京
趣闻与传说

张卉妍 / 编著

北京联合出版公司
Beijing United Publishing Co.,Ltd.

图书在版编目（CIP）数据

讲给孩子的老北京趣闻与传说 / 张卉妍编著 . -- 北京 : 北京联合出版公司 , 2021.6

ISBN 978-7-5596-5211-9

Ⅰ . ①讲… Ⅱ . ①张… Ⅲ . ①文化史 – 北京 – 青少年读物 Ⅳ . ① K291-49

中国版本图书馆 CIP 数据核字（2021）第 061517 号

讲给孩子的老北京趣闻与传说

编　　著：张卉妍

出 品 人：赵红仕

责任编辑：徐　樟

封面设计：韩　立

内文排版：吴秀侠

插图绘制：傅　晓

北京联合出版公司出版

（北京市西城区德外大街 83 号楼 9 层　　100088）

鑫海达（天津）印务有限公司印刷　新华书店经销

字数 192 千字　　720 毫米 × 1020 毫米　　1/16　　15 印张

2021 年 6 月第 1 版　　2021 年 6 月第 1 次印刷

ISBN 978-7-5596-5211-9

定价：55.00 元

北京是一座有着三千多年历史的文化古城，是六大古都之一。在浩瀚的历史长河中，在北京这座城里发生了太多的趣闻，流传着太多的传说。城门牌楼、王府民居、胡同坊巷、塔庙寺院……北京的每寸土地、每个角落几乎都承载着很多关于衣食住行、拼搏奋斗、喜怒哀乐、亲情友情的传奇故事。

北京是一座有故事的城，是一本让人品不够的书，是一座承载传奇的文化宝库——燕、前燕、大燕、辽、金、元、明、清八个朝代的相继定都成就了她历史的厚重；什刹海、大栅栏、王府井、八王坟等地的繁华热闹成就了她的宜居宜玩；颐和园的传说、雍和宫的趣闻、八大处的善缘成就了她的多姿多彩……北京，有太灿烂的文明、太辉煌的历史、太复杂的往事、太丰富的内涵，等着人去发现、欣赏、回味。

正是因了北京集厚重与时尚、繁华与品位于一身，才让我们寻访北京、探索北京的旅程变得有趣而收获颇丰。因为喜欢，所以靠近；因为靠近，所以热爱。对于北京，很多人都存在这样的心理。

置身于北京这个文明的历史古都，很多人都想知道在她的身上曾经发生了什么样的故事传说，留存着什么样的趣闻传奇。

在这本书里，我们从老北京的历史典故、地名由来、名胜古迹、皇城内史、陵墓祠堂、风味饮食、民间风俗、商业传奇等方面对老北京的前尘往事进行了详细而有趣的介绍，寓教于乐，力争用朴实、轻松的语言将各种趣闻传说娓娓道来，让孩子们在一种轻松的阅读氛围中，既能对老北京的风土人情有个清晰了解，又能愉悦身心。

我们不得不承认，如今，老北京的很多东西都已经随着岁月的更迭消逝或者正在消逝，这是无法更改的事实，也是时代的必然：许多胡同正随着高楼大厦的耸立而成片成片地倒下，许多昔日走街串巷吆喝叫卖的"磨剪子咧"正悄然没了声响，许多老北京人独特的方言俚语正被新潮的网络语言所代替，许多朴实温暖的婚丧嫁娶习俗正在默默地被简化——这一切满含京味的事物的逐渐消亡，让我们在扼腕叹息的同时，也希望能够通过本书来回味一下曾经的北京味道。

目录

第一章
老北京皇城传说

第二章

老北京的地名传说

第三章
老北京名胜古迹传说

第四章

老北京城门牌楼故事

第五章
老北京王府民居故事

第六章

老北京胡同会馆故事

第七章

老北京风味饮食故事

第八章
老北京风俗娱乐故事

第九章

老北京商业传奇

老北京
皇城传说

故宫博物院

明朝永乐帝朱棣为何要迁都北京

明十三陵位于北京北面昌平区境内天寿山南麓，环葬着明代的十三位皇帝，统称十三陵，是中国帝王陵墓中保存得比较完整的一处遗址。明十三陵中的首陵，是成祖永乐皇帝的长陵。永乐皇帝在执政期间，做了几件大事，如派遣太监郑和下西洋、编纂《永乐大典》等，除此之外他还有一个最大的政绩，那就是迁都北京。

关于明朝的都城地址，很多人都知道，朱元璋建立明朝的时候是以南京为都城的。在晚年时，朱元璋曾经想过将都城迁往北方，也曾派人去北方考察，但最终没有实施。朱元璋死后，建文帝即了位，但不久后就发生了靖难之役，迁都的问题当然更无从谈起。就这样到了明成祖永乐皇帝统治时期，迁都才又重新列入了议程，并得到了有力实施。

那么，永乐皇帝朱棣为什么那么坚定地将都城迁往北京呢？对此，后世人做过很多分析和研究，有人说：朱棣之所以迁都北京，是因为他做燕王的时候，曾经被封在北平，北平是他的故土，是他的根据地，即位后，在根据地安家是理所当然的啊，不就是为了巩固兴王之地嘛；有人说：朱棣当时面临着北方的威胁，而北京靠近边境地区，如果在北京建都，便于防备北方，所以迁都北京是为了防御北方；有人说：朱棣迁都北京是为了躲避曾经的血雨腥风，我们都知道，朱棣是靠强取豪夺才获得帝位的，在夺取帝位的过程中，他的双手可谓沾满了别人的鲜血，虽然最后获得帝位，但终究内心不安，因这种不安心理，他便动了迁都的打算，来一个眼不见心不烦，或者叫眼不见心可安。

这三个原因是朱棣的真实原因吗？我们不敢断定，但更权威的原因是下面这个。

朱棣可是个十分聪明的皇帝，他之所坚定地迁都北京，必有其深谋远虑之所在。大家想想，北京是个什么样的地方啊！它可是辽、金两朝的都城。不仅如此，北京还是元朝的首都大都的所在，元朝是一个什么样的朝代？元朝是一个以北京大都为中心，一个横跨欧亚的大帝国，它的版图在中国历史上可是最强盛、最大的，它不仅仅继承辽、金控制了北京和以北的地区，同时以北京为中心控制了江南、西南、东南广大地区。如此强大的一个国家都选择北京作为都城，这一事实不得不让朱棣有所考虑啊。

从历史来看，朱棣是一个有勇有谋的皇帝，他不甘于平凡，而想做一个千古名帝，想建立一个庞大的帝国，而迁都北京是他实现这一雄才大略的步骤之一。

无论朱棣在建立丰功伟业的过程中，做了多少错事、犯下了多大的罪行，但迁都北京无疑是他的一个壮举，他的这一行为深深地影响了后世，改变了明朝的命运。

钟、鼓楼如何上演"暮鼓晨钟"

说起"暮鼓晨钟"这个词语，很多人都明白其字面的含义，其是指佛寺中早晚报时的钟鼓，比喻使人警悟的言语，也形容时光的推移。

然而，你知道"暮鼓晨钟"与北京城的钟楼、鼓楼有很大关系吗？你了解北京钟楼、鼓楼在古代是如何上演"暮鼓晨钟"报时的吗？

提起"暮鼓晨钟"，不得不提钟楼和鼓楼。钟楼和鼓楼是北京古代的报时中心，位于北京中轴线的北部终点，是一前一后两座高耸的建筑物。

钟楼、鼓楼，建于元代，在历史上经历了几次反复的修建。

钟楼，楼通高47.9米，楼上悬挂着一口铸有"永乐年、月、吉日制"印记的特大铜钟，该铜钟高5.55米、直径3.4米、厚120～245毫米、重约63吨，乃中国古钟之最。鼓楼，原来的名字叫作齐政楼，位于钟楼的南面，与之相距约百米。鼓楼位于元大都的中心，但元末明初毁于战火。如今我们所见的鼓楼，建于明代永乐十八年（1420年），是在旧址东面重建的。鼓楼的台基高达4米，台上横列5间房屋，楼高达46.7米。在楼顶，原置有象征24节气的大鼓24面，现仅存一面。鼓高2.22米、直径1.40米，上有刀痕一处，是八国联军以刺刀刺破的，因为此鼓巨大，无法劫走，所以才保留至今。在元、明、清三朝，钟楼、鼓楼都是作为古都的报时中心，每日始于暮鼓，止于晨钟。文武百官上朝以及老百姓的生息劳作都是以此为度。

具体来说，钟楼和鼓楼是如何报时的呢？

这要从中国古代计时方式说起。按照古时候的习惯，一夜被划分为五更，每更等于一个时辰，即相当于现在的两个小时。19 时称为定更，又称起更；21 时称为二更；23 时称为三更，我们老百姓常说的"三更半夜"指的就是这个时辰；1 时称为四更；3 时称为五更；5 时称为亮更，也就是天亮的意思。

钟楼和鼓楼专门负责定更、报时，每到定更就先击鼓，后撞钟，向老百姓说明该到睡觉的时间了；从二更到五更，只撞钟不击鼓，以免影响了老百姓们的休息。到了亮更，则先击鼓后撞钟，告诉老百姓们天亮了该起床了。

击鼓和撞钟也是有定式的，怎么样击鼓呢？先快击 18 响，再慢击 18 响，俗称"紧 18、慢 18"，快慢相间共击 6 次，总计 108 响。撞钟的方法和击鼓的方法一样。

也许有人会问，鼓手们是如何知道时间的呢？在清朝以前，鼓手们一般是根据铜刻漏计时，然后击鼓定更，钟楼听到鼓声后撞钟报时。清朝以

后，鼓手们则是根据时辰来定时了。这便是古代报时的一个简单的流程。

鼓楼击鼓定更，钟楼撞钟报时，在没有钟表计时的古代，钟鼓声对老北京人的起居劳作起着相当重要的作用，因此人们常说"暮鼓晨钟"。

如今，随着科技的发展，各种钟表随处可见，人们已经不再需要击鼓撞钟来报时了，但"暮鼓晨钟"已经成为老北京城文化的一部分。2001年岁末的午夜 11 时 57 分，北京鼓楼沉寂了近百年的群鼓再度被敲响——25 位年轻鼓手表演了《二十四节令鼓之冬》的乐章，鼓声持续 3 分钟，到2002 年元旦 0 时结束。而且，从 2002 年元旦开始，鼓楼正式对外开放，每天都会象征性地击鼓四次，每次 15 分钟，成为京城著名的一景。

你知道八旗的来历传说吗

八旗是清太祖努尔哈赤独创的一种"军政合一""寓兵于民"的组织，遇有征伐，抽调旗下甲士组成军队，即通常所说的八旗兵。

关于八旗的来历，历来有很多传说，其中最有名的当属"从龙入关"的故事。

"从龙入关"故事里的"龙"说的是龙王的八个儿子，即八小龙。

在"入关"前，这八条小龙整日在家无所事事，相互争斗、吵闹不止。天上的玉皇大帝得知他们之间的争执后，就想派活儿给他们，以免他们闲得老是生事。于是，他叫来一个仙人说："人间有人不断地向我告状说，如今太阳和月亮总是不自主地缠在一起，这样整天都是白天，很久都见不到黑夜一次，人间的老百姓们因此生活得很艰苦，日头太毒，天气闷热，他们吃也吃不好、睡也睡不好，有的甚至因此而生了病。更惨的是，老百姓们赖以生存的庄稼都长不好了。我得赶紧想个法子，让太阳和月亮分开。这样吧，你把那爱闹的八条小龙叫来，我有事吩咐他们去做。"

仙人遵照玉皇大帝的谕旨，把八条小龙都叫到了天上。玉皇大帝对八条小龙说："你们中谁若能把天上的太阳和月亮分开，就算立了大功，我会重重地犒赏他！"

八条小龙听了，都想立大功，领命后就赶紧忙活起来。只见他们个个争先恐后，这个来，那个去，搬月亮，挪太阳。但不管费多大的劲儿，怎么也搬不动，八个急得都抓耳挠腮，无计可施。

正在他们发愁的时候，他们的父亲龙王来到了他们面前，斥责道："亏你们每天有那么大的心劲相互吵闹，如今花费了这么长的时间，怎么还没有完成玉皇大帝交给你们的任务？"

八条小龙个个争辩着说："都怪那太阳和月亮太重了，我们连吃奶的劲都使出来了，整天都跟着月亮和太阳后面追，可就是追不上，有时追上了也是搬不动，还被他们给撞到一边去了。"

龙王问："你们是怎么去的？"

小龙们回答说："我们是一个接一个轮流去的。"

龙王听了大怒，呵斥他们说："你们真是一群笨蛋，连人间的老百姓都赶不上，老百姓都知道'人心齐泰山移'的道理呢！你们一个一个地轮流追，追到猴年马月也完成不了任务哇！如果你们团结起来，大家一起追，不就可以了嘛！"

小龙们听了父亲的话，个个愧疚不止，他们当即表示大家一起使力共同完成任务。于是他们重新回到了天上，相互结合在一起，排成汉字的"金"字，"金"字也正好八画，实际上就是八条小龙组合而成。金字两条龙头合在一起，变成了金字头上的尖，他们齐心协力，像个楔子，在太阳和月亮之间一拱，就真的把太阳和月亮给拱开了。太阳和月亮分开后，由于太阳跑得快，很快就跑到前面去了，而月亮跑得慢，就落在了太阳后

面，从此以后天天追着太阳跑。

这八条小龙完成任务后，都非常高兴，但也累得筋疲力尽，纷纷朝地上掉下去。就在这个时候，突然刮起了一阵奇妙的大风。也不知从哪儿刮来了八块颜色不同的大布落在了地上，这八条小龙正巧各自落在其中的一块布上，更加奇怪的是，它们竟然还长在了那些布上面。

后来，后金国将这八块带有龙图案的布当成了旗标，由于八条龙和八块布的颜色不同，所以才有了不同的旗色：白色的小龙落在黄布上，就变成后来的正黄旗；蓝色的小龙落在白布上，就变成后来的正白旗；黄色的小龙落在红布上，就变成后来的正红旗；树皮色的小龙落在蓝布上，就变成后来的正蓝旗。一条小龙，虽然落在了黄布上，但由于黄布外边镶上了一条红边，所以就叫镶黄旗；一条小龙，虽然也落到了白布上，但白布外边镶上了一条红边，所以就叫镶白旗；一条小龙虽然也落到了红布上，但由于红布外边镶了一条白边，所以就叫镶红旗；另外一条小龙也落在蓝布上，也是由于外边镶了一条红边，所以叫镶蓝旗。这就是"八旗"的来历的传说。

中南海为什么叫"海"

沿着西单往天安门城楼方向走，在长安街的路北，你会发现有堵数百米长、六米多高的红墙，掩映在一排绿树和红灯笼下，显得厚重而沧桑。红墙外，不断有路人以红墙为背景拍照留念。红墙内，就是名扬中外的中南海。

说起中南海的名称由来，还挺有意思。大家都知道，北京是个内陆城市，这样一个非沿海城市中为什么会有"海"呢？是老北京人故弄玄虚，还是另有他因？原来这与蒙古人有很大关系。中南海的这个"海"字，就出自蒙古人之口。在蒙古语中，"海"是"海子"的简称，是湖泊的意思。中南海这个地盘处于北京的中南方位，有中海和南海，风景秀丽、安静怡人，所以人们把这一带区域合称为中南海。

据有关史料记载，中南海这片宫廷建筑群始建于辽宋时代，经历了几百年的历史春秋。

辽以前，这里曾是一处天然湖泊，风景非常美。辽国建立后，便在这处湖泊上兴建了瑶屿行宫。

后来，金国将辽国取而代之。1153年，金王朝正式迁都燕京，也就是今天的北京城。这里开始成为皇帝的离宫，金王朝在此修建了不少宫殿、园苑，所以被称为"西苑太液池"。

元朝建立后，修建了元大都，将此处纳入了皇城之中，并在它的周围修建了三组宫殿，即大内、隆福宫和兴圣宫。

中南海的建筑群最终定型于明朝。明朝定都北京后，便开始修建新的皇宫——紫禁城。原来环水而筑的金元皇宫，则改称为"西苑""西海子"，作为皇帝的避暑行宫。明世宗时，又在"西海子"上建造起南北两座汉白玉桥，南面蜈蚣桥之南为"南海"，北面的金鳌玉蝀桥之北为"北海"，两桥之间的狭长水面为"中海"。

清朝时期，对中海、南海、北海进行了拓建，大多建筑物属于清代所建，中南海被列为皇家专用的禁苑。康熙皇帝时，中南海逐渐成为清王朝的政治中心，并且每年都要在这里举行许多盛大的活动。

就这样，经过辽、金、元、明、清五个王朝七百多年的精心营建，西苑三海集山、海、岛、桥、亭、阁、廊、榭、宫阙于一园，成为真正的人间仙境了。

故宫为何又叫"紫禁城"

作为现存最重要的皇家宫殿之一的故宫，在古时候是明清两朝国家权力的中心，是两朝皇帝及其家眷的家园，如今更成为举世闻名的游览胜地。正是因为承载了如此厚重的历史，今天我们在故宫游玩参观时，依稀也能从中感受到一种荣耀和权力背后的庄严。

殊不知，今天我们所称的"故宫"，并非她原来的名字。在明清时期，她被叫作"紫禁城"。人们不禁好奇，红墙黄瓦、金碧辉煌的故宫明明是以红黄为主色调，为何被称作"紫禁城"呢？而后来为何又被改成"故宫"了呢？

总的来说，其名称的来历，历来有两种比较权威的说法。

第一种说法认为紫禁城的来历与天上的星星有关。中国古代天文学家曾把天上的恒星分为三垣、二十八宿和其他星座。其中三垣包括太微垣、紫微垣和天市垣。而紫微垣位于三垣的中央，位置永恒不变，非常突出，太微垣和天市垣陪设在紫微垣的两侧，愈加显得紫微垣耀眼夺目，因此也有"紫微正中"的说法。而在当时人们的心目中，天上权力最大的统治者是玉皇大帝，他主宰着整个天界，法力无限。而紫微垣又处于天界的中央地带，位置又一直没有变化，于是便成了古人心目中天宫的所在。因此，玉皇大帝居住的天宫也被称作"紫宫"。

而古代的皇帝都喜欢把自己称为"上天之子"，即"天子"，既然"天父"在天上住的是"紫宫"，那么，儿子在人间的住所也应该可以称为"紫宫"。除此之外，皇帝居住的地方，四周一般警戒森严，有严格的宫禁，非寻常百姓可以随便出入，否则就是"犯禁"。于是，"紫宫"也就成了一座"禁城"。将"紫宫"和"禁城"合起来称呼，就是今天我们所说的"紫禁城"。

　　第二种说法认为紫禁城的来历与古时候"紫气东来"的典故有关。相传古代伟大的思想家老子，在一次外出路过函谷关的时候，有一股紫气从东方飘来。这个情形被一个守关人看到，他觉着能够吸引来紫气的人必定是个大圣人。于是，守关人便请老子撰写了著名的《道德经》，影响了后世。从此，紫气被后世人看作是吉祥的象征，预示着圣贤和宝物的出现。对此，唐代诗人杜甫曾有一首诗为证，他在代表作《秋兴》中曾写道："西望瑶池降王母，东来紫气满函关。"从此以后，后世人把祥瑞之气称为紫

云，把传说中仙人的居住地称为紫海，把神仙饮的水称为紫泉，把城郊外的小路称为紫陌。由此可知，紫禁城中的"紫"取祥和、吉祥之意。而皇帝作为真龙天子、一国之君，其居住的地方定会戒备森严，寻常百姓难以接近，所以明清两朝取"禁"字，将皇宫称为紫禁城。

1924 年，冯玉祥发动了"北京政变"，将清代末帝溥仪赶出了紫禁城。次年，在原来紫禁城的基础上建立了故宫博物院。故宫，也就是"旧时的皇宫"的意思。由此，紫禁城作为"天子"住所的作用结束了。

故宫房间数是"九千九百九十九间半"吗

来北京旅游，没有人会错过故宫，参观故宫已经成为京城旅游最重要的内容。故宫是明清两代的皇宫，迄今已历经数百年的沧桑岁月。这里曾居住过二十四个皇帝，既是皇帝举行大典、召见群臣、行使权力的场所，也是皇帝与后妃、皇子们居住、游玩的地方。长约三公里、在十米高宫墙包围下的故宫，俨然是一座森严壁垒的城堡，给后世人留下了许多未解之谜。其中，比较重要的一个谜是：故宫房间数是九千九百九十九间半吗？

相传在明朝时期，明成祖朱棣准备修建北京城，于是他派大臣刘伯温考察地形、着手修建。朱棣原打算把宫殿修得富丽堂皇，能盖多少间就盖多少间，能盖多大的房间就盖多大的房间，以显示皇家独一无二的威严。

可就在刘伯温修建北京城皇宫的时候，朱棣做了一个非常奇怪的梦，于是便请精通解梦之术的刘伯温来给自己解梦。正要派人去请，只见刘伯温慌慌张张地要面圣。刘伯温一见着朱棣就说："启奏万岁爷，微臣昨夜做了一个梦，梦见天上的玉皇大帝把微臣召到凌霄殿上对臣说：'听说你朝皇

帝要修建凡间皇宫，你告诉他，天宫里的宝殿房间共是一万间，凡间的宫殿数目千万不可超过天宫。而且你还要告诉他，要请三十六金刚、七十二地煞去保护凡间皇城，才能够保证风调雨顺，国泰民安。这些话你一定要告诉他并让他牢牢记住。'玉皇大帝说完后，只见一团白雾扑来把微臣给吓醒啦！"

朱棣听完刘伯温的话，非常震惊，因为他昨晚做的梦和刘伯温的梦一模一样，玉皇大帝也是这么嘱咐他的！

朱棣思虑再三，就下旨命刘伯温所建的皇宫宫殿房间不得超过一万间，并去请金刚、地煞来保护皇宫。但务必保证皇宫的金碧辉煌，因为他私心里还是不想太弱于天宫。

玉皇大帝托梦的事儿很快便在民间传开了，老百姓都等着要看刘伯温怎样修建皇宫，如何去请三十六金刚、七十二地煞来保护皇宫。

几个月后，皇宫终于落成了。朱棣亲自去参观皇宫，一看那宫殿盖得甭提有多华贵了，间量还真是不到一万间，但也差不多，再看看宫院里金光闪闪，好像真有神仙镇守。朱棣非常满意，当场就大大赏赐了刘伯温。

那么，那所谓的"差不多一万间"是什么意思呢？故宫的宫殿房间到底是多少间呢？刘伯温请来的三十六金刚、七十二地煞又在哪里呢？

直到很久以后，人们才知道，故宫宫殿房间的数目原来是八千七百余间。而所谓的三十六金刚就是宫殿门口摆着的三十六口鎏金大缸，七十二地煞就是故宫里的七十二条排水沟。

故宫建筑的主色调为何是黄、红两色

走在故宫里，给人印象最深的是，故宫建筑群整体的颜色搭配。因为在故宫的每个角落，随时可以看到大片大片黄色的琉璃瓦"海洋"，以及绝大多数殿宇的门窗、立柱和高大宫墙上刷出来的那种大红的色调，呈现出一种喜庆、祥和的状貌。难怪人都说，黄、红两色就是故宫的主色调。

那么，这么做的原因是什么呢？了解现代美术的人都知道，黄、红两色的组合是非常经典的搭配，难道修建故宫的人早在几百年前就已经认同这样的色彩搭配了？

其实，并不仅是所谓的颜色搭配那么简单。稍微了解点儿故宫建筑底蕴的人都非常清楚，故宫建筑的一砖一瓦、一草一木，都有其深刻的内涵。其整个建造布局、造型、用料都是极为讲究的，当然，颜色的采用和搭配也很有讲究，隐含着深刻的意义。

建筑可采用的颜色有很多种，赤、橙、黄、绿、青、蓝，紫等等。故宫之所以采用了黄、红二色为主色调，内涵非常丰富。最主要的原因是这样的：

按照阴阳五行学说，世界万物都是由金、木、水、火、土五种元素组成的，其中"土"元素被认为是最重要的，因为它位居中央，可以控制四方，而土的代表颜色就是黄色。《易经》也说："君子黄中通理，正位居体，美在其中，而畅于四支，发于事业，美之至也。"所以黄色自古以来就被当作居中位的正统颜色，为中和之色，居于诸色之上，被认为是最美的颜色。所以，在古人的思想中，黄色即是尊贵、吉祥的象征，这么尊贵的颜色，当然只能由天下第一的真龙天子皇帝所用。所以，明清时期黄色袍服便成了皇帝的专用服装，其他人如果擅自用了这种颜色，就会被认为图谋不轨，会招来杀身之祸。

而红色呢？根据五行相生相克的理论，土赖火生，火多土焦；火能生土，土多火晦。火为赤色，所以宫殿门、窗、宫墙多用红色，寓有滋生、助长之意，以示兴旺发达。另一方面，在中国人的传统思想里，红色一直象征着喜庆、发达。据考古学家发现和文献资料记载，距今3万年左右的山顶洞人就已经开始用红色的事物来装饰洞穴了，周代以后的宫殿也已经开始普遍用红色颜料了。故宫的营建正是承袭了以往宫殿的色彩美学，大量地使用了红色。

正是在这种传统文化和思想的影响下，明清两代在修建、完善皇宫时，殿阁楼宇大都采用红墙黄瓦，以耀眼的颜色对比方式达到金碧辉煌、和谐悦目的视觉效果，既彰显了建筑群的大气、高贵，又展现了皇家至高无上的威严和气势。

然而，也有细心的人发现，故宫里的房顶并非全部都是黄色的，有极少的一些建筑用的是绿瓦或黑瓦，例如南三所、文华殿、文渊阁等。其实，要么是因为这些建筑并非皇帝居住的地方，在规格上要比其他建筑低个级别，例如，文华殿原是皇子们读书的地方，根据五行之说，青色即绿色，为木叶萌芽之色，象征温和的春天，方位为东，故用绿色琉璃瓦；要么是因为其本身的定位要求，例如，文渊阁是藏书楼，根据五行相克的理论，黑色代表水的颜色，意在镇火，故为克水患，墙用青绿冷色，瓦用绿剪边黑琉璃。

故宫有了黄、红两色的映衬，显得雍容华贵、富丽堂皇，这是由其尊贵的地位所决定的。为了衬托皇家的这种威严和气势，故宫周边建筑的色调都相对低调了很多。在讲究尊卑等级的封建社会，建筑物的色调也体现出了级别。照规定，颜色的等级自上到下依次为黄、赤、绿、青、蓝、黑、灰。黄、赤两色是皇家建筑的专属，公卿大员家的屋顶则用绿瓦，而普通老百姓的房屋则只能使用最低等级的黑、灰、白等。所以，当时的人在登上景山向下观望时，会看到两种截然不同的景观：向南遥望，是一片金碧辉煌的琉璃瓦"海洋"，而向北遥望，则是普通民居建筑的灰色瓦顶。

也许是天意，也许是巧合，在蓝天白云和周边民居灰色调背景的衬托下，故宫这座古老、尊贵的皇家宫殿愈发光彩耀人、气势恢宏。

揭秘故宫三大殿

在历史上，无论是哪朝皇帝，在都城和宫殿的选址上，都比较注重风水之说。总是希望自己所选的都城、宫殿，能够给自己的国家带来吉祥、如意、福祉，使自己的统治绵延万年。

那么，什么样的风水适合建造都城、宫殿呢？风水先生会告诉你，国都的西北方最好要有龙脉。什么是龙脉呢，龙脉就是那连绵起伏的青山。龙脉的中心为祖山，是王气积聚之处。以此起始，引入京城，到达宫殿背后的靠山即"主山"。主山两翼，左以河流为青龙，右引道路为白虎。主山之前、青龙白虎之间的最佳选点，是万物精华的"气"的凝结点，是为龙穴，明堂就应建于此处。

　　按照风水学所说的，紫禁城就是处在北京城的最佳位置上，而三大殿太和、中和、保和所处之处就是明堂所在地。俯瞰故宫你便会发现，三大殿就是整个故宫的重点，是整个紫禁城内建筑的核心。可谓是居天下之中心，正与天空中央玉皇大帝所居的紫微宫遥遥对应——这是三大殿的选址缘由。

　　从规模和装潢上来说，三大殿在整个故宫内也具有独一无二的地位。它占据了紫禁城最主要的空间，面积达85000平方米。它们依次布置在高达8米的台基上，台基分上、中、下三层，每层都为须弥座形式，四周围着汉白玉栏杆。每根望柱上部雕有精美纹饰，下部雕有华美螭首——口内凿孔以便排水。大雨滂沱时，千龙吐水，胜似泉涌，蔚为壮观；阳光普照时，千龙之影，排排迭退，黑白相间，宛如图案。在建筑设计和艺术构思上，它们凭借着自身所具有的气势威严、规模雄伟、装修华丽、色彩神秘而成为紫禁城中最辉煌的建筑群。

三大殿中，太和殿最高、最大，横阔十一间，进深五间，外有廊柱一列，全殿内外立着八十四根大柱，是由四个倾斜的屋面、一条正脊和四条斜脊组成的。它建于康熙三十六年（1697年），距今已有300多年的历史，但依然保留着原有的富丽堂皇。太和殿是皇权的象征，皇帝登基、大婚、册立皇后、命将出师和每年的正旦、冬至、万寿（皇帝生日）三大节等重大典礼，皇帝都要在这里举行仪典，接受群臣的朝贺。

中和殿在太和殿的后面，是一座四角攒尖、有鎏金宝顶的方形殿堂，朱红廊柱，金扉琐窗，造型凝重，建筑奇特。殿内设宝座，雕刻金龙，金色璀璨，四列宝器。皇帝在举行重大典礼前，先在这里接受内阁大臣等重要官员的朝拜，然后再去太和殿。

保和殿在中和殿之后，是皇帝举行盛宴和科举殿试的地方，也是三殿中年寿最古老的。

气势恢宏、富丽堂皇的三大殿既承载了厚重的历史，又散发着它独特的现代光辉。如今的它们不仅仅是一处旅游景点，更是我们了解历史的重要窗口。

故宫角楼是根据什么设计的

无论是亲临故宫参观，还是看图片，很多人可能会注意到这样一个细节，就是故宫的四个城角，每个角上都有一座角楼，非常漂亮。这些角楼拥有九梁十八柱七十二条脊，其设计之精巧、工艺之考究，令人惊叹！

有人不禁要问，是谁脑袋这么灵光，竟然设计出了那么好看的角楼来。其实，这里面有一个美丽的传说。

明朝时期，燕王朱棣好不容易当上了皇帝，便想着好好给自己盖一处皇宫，既能显示皇家的范儿，又能住着舒服。经过一番考察，他把皇宫的地址定在了北京城，一则因为北京地形好、风水好，二则因为北京是他做王爷时的老地方。

有了这个想法后，朱棣就赶紧派大臣去北京修建皇宫。大臣临行前，朱棣亲自叮嘱他说："你一定要在皇宫的外墙也就是犄角上，盖四座样子特别美丽的角楼，这每座角楼要有九梁十八柱七十二条脊。我现在封你为管工大臣，你一定要尽心修建，如果建不好可是要杀头的！"

管工大臣听了皇帝的话，心里别提多紧张了，皇帝亲自说角楼要盖成九梁十八柱七十二条脊，这可不是一件简单的活儿啊！一定要好好地从长计议。

第二天一大早，管工大臣出发来了北京。刚下轿子，就马不停蹄地叫来了八十一家大包工木厂的工头、木匠们，向他们详细说了皇帝的旨意，限令他们必须在三个月之内把九梁十八柱七十二条脊的角楼给盖出来，否则格杀勿论。

这些工头、木匠们听了都战战兢兢，赶紧凑在一起想办法。

可一个月过去了，他们查了几百本书，考察了几百个角楼，做了无数个样本，都没有理出一点儿头绪。恰好正值酷夏时节，天热得让人喘不过气来，加上心情烦躁，这些工头、木匠无不唉声叹气，真是茶也不思饭也不想。这时候有一个木匠师傅实在待不住了，就上大街溜达散心去了。

走着走着，木匠师傅便听见老远传来一片蝈蝈的叫声，其中夹杂着一声声吆喝："买蝈蝈，听叫去，睡不着，解闷儿去！"走近一看，是一个老头儿挑着许多大大小小秫秸编的蝈蝈笼子在沿街叫卖。

木匠师傅心想：反正心烦也解决不了事，到最后该死活不了，该活死不了，听天由命吧！先买个好看的笼子，玩会儿蝈蝈。他就朝老头儿那儿走过去，见到老头儿手上有一个细秫秸棍插的蝈蝈笼子非常讨巧，做工非常精致，就跟画里的一座楼阁似的，里头几只蝈蝈正在那儿呱呱乱叫呢，于是便买下了这笼蝈蝈。

木匠师傅把这笼蝈蝈拿到施工现场，大伙儿见了，都围过来看。其中一个师傅特别不屑地说："大家都这么烦了，你竟然还有心思玩这个，这几个蝈蝈吵得人更烦了，真不知你怎么想的！"

木匠师傅笑着说："我也烦得慌，见大家都没精神头，就想着买个好玩的逗逗大家，你瞧着蝈蝈叫得多欢实，这笼子……"他原想说你们瞧这个笼子多好看呀！可是他还没说出嘴来，就觉得这笼子有点儿特别。他急忙摆着手说："你们先别看了，让我琢磨琢磨。"他把蝈蝈笼子的梁啊、柱啊、脊呀细细地数了一遍又一遍，大伙被他这一数，也都留了神，静静地直着眼睛看着，一点儿声音也没有。

木匠师傅数完了蝈蝈笼子，高兴地跳了起来，对大家伙大喊："你们快来看快来看，这笼子不正是九梁十八柱七十二条脊嘛！"大伙听他这么一喊，都围过来看，心细的人忙在那儿数，可不是嘛！不多不少，真是九梁十八柱七十二条脊的楼阁。

真是天无绝人之路啊！大家伙别提多高兴了，忙参考蝈蝈笼子的样子，创作出了皇宫角楼的样子，烫出纸浆做出样型，最后修成了到现在还存在的角楼。

完工的日子到了，皇帝亲自验工，待他走到一处角楼细细看时，不禁啧啧称赞，说："正是我理想中的角楼啊，真是辛苦了众位工匠。"遂吩咐对各位工头、木匠师傅予以重赏。

第二章

老北京的地名传说

什刹海的由来

烈日炎炎的酷暑，很多老北京人都喜欢去一个地方乘凉避暑，那里湖面开阔、风光秀丽、可乘船可散步，待到晚上则灯火通明，湖光与霓虹相映，乐曲随轻舟荡漾……说到这里，肯定很多人已经知道是哪里了，没错，就是什刹海！

什刹海，也写作"十刹海"，由前海、后海、西海水域以及沿岸名胜古迹和民居组成。元朝曾依托这一片水域在东岸确定了都城建设的中轴线，什刹海始成为元、明、清三代城市规划和水系的核心。历经数百年的发展，什刹海积淀了上至皇亲国戚、士大夫，下至普通百姓各阶层深厚的文化。这里的胡同和四合院组成了老北京的风俗文化，组成了老北京的历史。

什刹海的"刹"字，在北京人嘴里念快了，就跟"季""价""窖"差不多了，因为这个，就有了活财神沈万三在这里挖十窖银子的传说，什刹海也便因此得名。

说起沈万三这个名字，在大家的心目中，他就是那著名的"活财神"。

按道理说，活财神一般都很有钱，纵然不挥金如土，也得有家有院有轿坐。可是沈万三这个活财神却例外，甭提他有多少间房、多少套院、多少轿子可坐了，他可谓手里一个子儿都没有，有时候甚至连衣服都没得穿。那他为什么被叫作活财神呢？原来之所以叫他活财神，是因为他知道地下哪个地方埋着金子，哪个地方埋着银子。据当地的老百姓讲，平常时候，沈万三也不知道哪里埋着金子银子什么的，但一旦挨人狠打的时候，通常他胡乱指的地方准有金银，并且挨打得越厉害，他所指的地方埋的金

银越多。他的活财神之名也因此而来。

然而，老百姓谁又会随便打人？而且大家看他穷成这样，谁也不信他知道哪儿有钱。因此，跟沈万三一起过的人都穷得叮当响，缺衣少食。

明朝时期，"靖难之役"之后，朱元璋的四儿子朱棣登上了帝位。这位皇帝想修一座北京城。可修城并非一件容易的事儿啊，首先得有充足的物质基础，没有钱去哪弄材料、请人工呢！可是皇帝又不舍得花费自己的钱，于是便跟大臣们商讨如何筹集一些修城的经费来。众大臣也很焦虑：苦海幽州本就是个贫瘠之地，去哪里弄这么多钱呢？

就在这个时候，一个大臣站出来对皇帝说："微臣倒想起一个人来，只要找到他，保准有数不完的金银财宝。这个人叫作沈万三。"皇帝听了，又惊又喜，马上着人去抓那沈万三。

皇帝见了沈万三那穷酸样，心里就犯了嘀咕：就这么个穷酸的糟老头儿，还能称为活财神？

可疑惑归疑惑，皇帝还是好奇地问道："据说你知道金银存放的地方？"

沈万三回答："我不知道。"

"那为什么大家都叫你活财神？"皇上一听，开始急了。

沈万三说："我不是什么活财神啊皇上，那都是别人叫着玩儿的。"

皇帝一听就发了火，说："哼，一定是你妖言惑众，蒙蔽了众人，活该挨打！"于是吩咐将士将沈万三推出去打他一百大板。

刚开始挨打时，沈万三还大声地叫嚷："我没有骗人啊，放了我吧，放了我吧！"

将士说："只要你供出金银的所在，就饶了你！"

沈万三喊着说："可我真的不知道啊！"

沈万三喊得越厉害，将士打得他越厉害，直打得他皮开肉绽、鬼哭狼嚎。

实在撑不过去，沈万三大喊了一句："大人别打了，我想起来哪里有银子了。"将士这才住了手。

皇帝便吩咐将士们跟着沈万三去挖金银财宝。可是沈万三哪知道哪里有什么宝藏呀，就东走走西转转，后面的将士们不断催促，就这样他们一行来到今天什刹海的位置。沈万三实在走不动了，就随便指着下面的地说："这里有金银，你们在这挖吧！"将士们就开始挖起来，果然从中挖出了十窖银子来。一窖是四十八万两，这十窖银子共计四百八十万两。据说北京城就是用这笔银子修建起来的。

后来，将士们挖银子的地方成了一个大坑，经年累月后，那个大坑盛满了水，后世人都叫它为"十窖海"，慢慢地又称其为"什刹海"。直到现在，还会有人强调说："这儿原叫十窖海，不是什么什刹海！"

可是，无论后世人怎么叫，这什刹海的美名就这么流传下来了。

白云观的由来

　　位于北京西便门外的白云观地处幽静，被誉为"洞天胜境"，是老北京最大的道观，也是京城的一大旅游、祈福之处，凭其独特的魅力吸引着众多游人的眼球，一年到头都香火不断。逢年过节更是十分热闹，参观的、祈福的、叫卖的，人来人往。白云观俨然已经成为老百姓了解中国传统风俗与道教文化的重要渠道。新中国成立后，中国道教协会、中国道教学院和中国道教文化研究所等全国性道教组织、院校和研究机构先后设在这里。2001 年，白云观作为清代古建筑，被国务院批准列入第五批全国重点文物保护单位名单。

　　白云观初建于唐代开元年间，那时候还只是一座寺庙，不叫白云观，而叫白云寺。那从什么时候起，"白云寺"成了"白云观"了呢？这里不得不提一个人，那就是丘处机。

　　说起丘处机，很多爱看金庸武侠剧的人肯定知道，那是金庸名著《射雕英雄传》中杨康的师父啊！虽然金庸先生创作的《射雕英雄传》是一部虚构小说，但在历史上却真有丘处机其人。丘处机真名为丘左，道号长春，所以也被叫作丘长春。

　　相传丘处机是山东人，小时候起就跟着师傅学琢玉，后来为了养家糊口，他就干起了琢玉这一行。丘处机心地善良、乐善好施，经常帮助别人，他的善良打动了一位仙长，这位仙长就点化他皈依了道教，并将自己的仙术传授给了他。从此以后，丘处机四处云游，普化众生。

　　在那时候的皇朝有个规矩，就是每个新上任的皇帝在执政后都要出一次家当一段时间的和尚，娘娘也要出次家当当尼姑。可是那皇上和娘娘

可是吃住在蜜窝里的人儿，哪能受得了清修之苦？所以那时候都是走走形式，找人替他们出家，替他们出家的人就叫作"替僧"。凡是当了替僧的人，无不身价大涨。

有一年旱灾严重，老百姓们困苦不堪。皇帝在宫内设坛祀天也没管用，就想召集天下能人来求雨。这时娘娘举荐她的替僧白云寺王长老来求雨。王长老带着寺里的几个小和尚在宫里净身、诵经、拜佛，足足折腾了几天几夜，可还是没有下雨。皇帝一气之下罚了娘娘半年的俸禄，并且下令打了王长老一百大板，把他赶出了宫。接着，皇帝颁发圣旨，下了一道皇榜，上面写明，谁能求下甘露，普救众生，重重有赏。可皇榜贴了七天，也没有人敢揭。皇帝苦恼万分，寝食难安。正在第八天头上，皇帝忽听大臣来报，说有一个老道士把皇榜揭了，声称能够祈福降雨。皇帝听了赶紧派人将这位老道士迎进了宫。这位老道士是谁呢？不是别人，正是那丘处机。

丘处机运用法术，手托金瓶、口念真经、挥洒琼浆玉露，不一会儿只见风云变幻，天色顿时阴沉下来，接着几声响雷，甘露飞洒、大雨滂沱，连着下了两天两夜。皇帝大为高兴，封了丘处机"仙师"的美名，加以重用，并赏了他许多金银财宝。

这王长老听说丘处机施法给求下雨来，心里别提多难受了：哼，这牛鼻子老道不知施了什么妖术竟求下雨来，我倒被赶出了宫，不行，我得出出这口恶气！于是他买通了太监又进了宫，见到娘娘把他的想法说了，那娘娘也因求雨的事儿被罚了半年的俸禄，并且近来皇帝也不怎么踏进自己宫门了。俸禄事小，恩宠事大呀！都怪这丘处机求下雨来，让我难堪，不行，我非得治治他不可。于是，娘娘便和那王长老一拍即合。

　　"那你说我们该如何整治他呢？"娘娘问那王长老。

　　王长老来觐见娘娘之前，心里早有了谱，便对娘娘说："等皇帝召见那丘老道时，您不妨向皇上提个醒儿，让那丘老道掐金断玉，当年张果老不就有掐金断玉的本事吗！皇上既然称丘处机为仙师，他一定也能掐金断玉，如做不到，就借此将他赶出宫去！"娘娘听了，心想这王长老的主意还不错。于是几天后，娘娘在觐见皇帝时对皇帝说："都说前几天那能祈福降雨的丘处机神通广大，臣妾想见识一下他的本事，看看他有没有掐金断玉的本事。"皇上听了娘娘的话，也想看看丘处机的本事。于是便命人将丘处机叫了来。

　　娘娘对丘处机说："丘法师，都说你能呼风唤雨，今儿个皇上想瞧瞧你还有其他的本事不，不知你能不能掐金断玉？"说着递给丘处机一块金子和一块玉。

　　丘处机接过金和玉说："贫道不知娘娘想要我掐成个什么样子？"

　　那娘娘本就为了使坏，心里也没个谱，就胡乱说道："你想掐成什么形状都可以，随你的便吧！"

　　丘处机看了看那块玉，随手一掐，那块玉就变了形状，接着丘处机又一下掐成一个方帽翅儿，顺手按在自己的道冠上。随后，丘处机又拿起那块金子，向金子吹了一口气，那金子就软成个面团子一般。丘处机用手指轻轻捏着像抽丝一样往外抽，每抽一条就往道冠上缠一条，也不知抽了多少条，都像头发丝那么细，不一会就织成了一个金道冠。

皇帝见了丘处机的本事，又惊又喜，大声叫好，又大大赏了丘处机一番。娘娘见非但没有惩治了丘处机，竟让他借此又表现了一番，还赢得了皇帝的奖赏，心里那个气啊！

这次没有让丘处机出丑，娘娘和王长老不甘心，就又想了一计。一天，娘娘对皇帝说："皇上，都说那丘法师神通广大，他的本事臣妾也见识到了。可臣妾得知白云寺王长老的法力也很高强。上次王长老祈雨没有成功，这段时间他潜心修炼，功力大涨，不妨让他二人比试一番，看谁的本事更高强。"皇帝听了，心想也未尝不可。于是问："怎么个比试法啊？"

娘娘赶紧进言："如今臣妾有孕在身，马上就要生产了，皇上何不把王长老和丘法师一起召进宫，让他二人算算臣妾腹中胎儿究竟是龙还是凤？谁算得准就说明谁的本事大。"

皇帝听了，觉着十分有趣，于是点头应允了。进宫后，王长老有意显摆本事，遂抢在丘处机前面，说："皇上，照贫僧看，娘娘怀的是个公主。"

丘长春笑了笑，说道："按贫道掐算，娘娘将为皇上养一龙子。"

这王长老虽然祈雨失败，但到底也有一点儿法力，已算出娘娘怀的就是个公主。于是说道："皇上，虽然贫僧的法力有限，但这件事敢保证没有算错，娘娘的的确确怀的是位公主。如果是贫僧算错了，贫僧愿将小庙白云寺送给丘法师。"丘处机听了笑而不语。

娘娘临产的日子很快就到了，皇帝差人将王长老和丘处机请进宫来。等了一段时间后，宫人来向皇帝禀报，说是产了一位公主。王长老听了，得意万分，心想丘处机这次可栽大发了！只听丘处机哈哈大笑，不慌不忙地说："常言道：'耳听为虚，眼见为实。'请皇上命人将龙子抱出检验，如若贫道所言不实，贫道愿以死谢罪。"皇帝命太监将婴儿抱来，轻轻将襁褓一揭，果然是个龙子。

原来，丘处机已经算出娘娘所怀的是个公主，只是为了和王长老斗法，才故意说成是个龙子。

可娘娘明明生的是个公主啊，怎么皇帝一看又成了龙子呢？原来，待娘娘产后，丘处机又施法用公主换来个太子。这王长老当然知道是丘处机施了法术，可自己的法力又比不过丘处机，只能干着急干生气，只得将自己的白云寺送给了丘处机。丘处机得了白云寺后稍加修缮就改名为白云观。

后来，娘娘和王长老又想了个法子与丘处机斗法，便在白云观旁建了座叫作西风寺的庙宇，意在用"西风"吹化"白云"。谁知丘处机又在观山门内修了一座"窝风桥"，将那座西风寺给镇压了下去。

最终，王长老气不过，归隐山林。而丘处机则凭借自己的法力得到了皇帝的重赏，皇帝还派人做了个上书他亲笔题写的"万古长春"字样的匾额。从此，老百姓们都叫丘处机为"长春真人"。白云观的香火也随着丘处机越来越大的名气而愈加旺盛起来。

公主坟的由来

在北京生活过的人，几乎都听说过公主坟这个地名。公主坟位于北京长安街延长线复兴路西三环交会处，是北京重要的交通枢纽之一。

很多人听了公主坟这个地名后，都心存疑问，这里为什么取名为公主坟呢，是因为这里曾经埋葬过什么公主吗？有的说是这里埋藏着乾隆皇帝微服私巡时认的一位义女，也有的说埋葬的是清朝的一位公主——一位同清皇室并无血缘关系的汉族公主，此人就是孝庄皇太后的义女孔四贞。

第一个版本：乾隆义女

大家都知道，清朝的乾隆皇帝最喜欢微服私访，而且每次私访几乎都会带着两个死对头——刘墉和和珅。

话说有一天，乾隆一行人在路上走得久了，水也喝光了，于是便投宿在一户人家里。这家的老人是个十分热心的人，还让女儿小凤为他们一行人做了饭吃。小凤虽然只有八九岁，但不仅长得漂亮，还勤快灵巧，十分讨人喜欢。乾隆非常喜欢她，便收她为义女。临行前，乾隆对义女小凤说："日后有了什么难处，可以随时来京城的'皇家大院'找干爹啊！"

几年过去了，小凤出落成了一个大姑娘。由于家乡发生了连年的灾荒，小凤父女俩的生活实在过不下去了。这时候小凤突然想起了几年前干爹临走时对自己说的话，于是她和父亲商议，想到京城投奔干爹去。父亲觉着生活实在无望，于是便答应和女儿一起去京城。

父女二人历尽千辛万苦，终于来到了京城，可是他们几乎寻遍了京城里所有的"黄家大院"，也没找到干爹的家。最终父女俩只得靠乞讨过活。后来父亲因为年纪大，又吃不好，大病了一场。看着父亲那可怜的病容，小凤伤心极了，愁得只是哭。

在一次沿着护城河边乞讨时，小凤没要着多少钱，再想起父亲的病因没钱医治更严重了，遂痛哭起来。这时，刘墉正好出来办事儿，见护城河边有一个姑娘在哭，就看了几眼，寻思着："这姑娘好面熟啊！"走近一看，遂认出这是皇上前几年微服私访时认的干女儿。于是向小凤问明原因，将她父女二人接回自己府中。到了刘墉府院，父女二人才知道，那干爹竟然就是乾隆皇帝，接他们的先生是丞相刘墉，"皇家大院"指的是皇宫。父女二人又惊又喜又怕。

第二天，刘墉便将小凤父女的事情禀告给乾隆。乾隆遂召见了小凤父女，把二人安排在宫中做事。又过了一段日子，小凤父亲因病去世，只剩下小凤一人待在宫中过活。可在皇宫里过活，虽然不愁吃穿，但繁文缛节太多了，再加上宫里的人大部分都是势利眼：娘娘、格格因她长得好看，很嫉妒她，常对她冷言冷语；阿哥皇孙见她长得端庄秀丽，都对她不怀好意，总想欺侮她；太监、宫女也因她出身贫贱，又给不起赏钱，时不时地也指桑骂槐地数落她一通。俗话说：宁喝舒心的粥，不吃皱眉的饭。小凤在宫里虽不缺吃穿，但受了不少委屈，整日以泪洗面。在父亲死后不久，就大病了一场，几天油盐不进、昏昏沉沉，最终一命呜呼！小凤死后，乾隆本想着随便把她埋了了事，但刘墉建议说："她虽不是皇上您的亲女儿，但到底也是您的义女，如果草草埋葬，您脸上可不光彩呀！"

乾隆听了，觉得刘墉的话不无道理。于是传旨，按公主的品级给小凤办了葬礼，把小凤葬在了如今的复兴路西三环交会处，慢慢地后世的人都管这个地方叫成了公主坟。

第二个版本：清汉族公主孔四贞

孔四贞是清朝仅有的一位汉族公主。汉族人在清朝怎么会被封为公主呢？是这样的：孔四贞之父孔有德，原是一名明末降清的参将，后来成为清政府镇压各地抗清义军的得力大将。顺治九年（1652年）五月，孔有德的军队被抗清义军围困，孔有德被杀。孔家被洗劫一空，所有人几乎都被杀了，仅幼女孔四贞被孔有德部将救出，留下了一条命。

当时的清朝皇帝顺治帝得知这一消息后，又惊又痛，遂命大臣将孔四贞接回皇宫，送交孝庄皇太后抚养。鉴于孔有德建功颇多，便特赐其女孔四贞食禄，封为和硕格格。从此，孔四贞便成为清朝仅有的一位汉族公主。

康熙十二年（1673年），吴三桂等三藩打着"反清复明"的旗号发动叛乱。孔四贞的丈夫孙延龄也参加了叛乱。对丈夫的反清行为，孔四贞一直强烈反对。在孔四贞的影响下，孙延龄很快表示要投降清朝。吴三桂得知孙延龄降清的消息后，将其杀死，并幽禁了孔四贞。直到清军扫平三藩后，孔四贞才回到京城，死后便被清帝下令葬在京西，也就是今天被称为公主坟的地方。

除了这两个版本之外，还有其他的版本，可谓众说纷纭。那么，在众多版本中，到底哪个是真的呢？

其实，关于埋葬在公主坟内的公主到底是谁，早在1965年修地铁时，谜底就已经揭开。当时文物部门对公主坟进行了考古挖掘，并参考历史资料考证，得出的答案是，以上两个版本都是传说，并非真正的历史。公主坟内真正埋葬的公主有两位，是清仁宗嘉庆皇帝的女儿。两位公主分别葬在东西两侧，东侧葬的是庄敬和硕公主，她是嘉庆皇帝的第三个女儿，母亲是和裕皇贵妃，已婚，死时年三十一岁。西侧葬的是庄静固伦公主，是嘉庆皇帝的第四个女儿，母亲是孝淑睿皇后，已婚，死时年二十八岁。

看到这里，很多人不禁疑惑：两位公主为什么给埋在了一起呢？原来，按照清朝的规矩，公主下嫁后，死后不得入皇陵，也不能进公婆墓地，必须另建坟冢。庄敬和硕公主和庄静固伦公主是同年而亡，仅隔两个月，于是就埋在一起了。因这里埋葬着两位清朝公主，于是后世人将此地称作公主坟。

大栅栏的由来

来北京购物、游玩，一个不得不去的地方就是前门的大栅栏，这个景点在国内几乎无人不知无人不晓，即使在国际上也很有名气，可谓是闻名遐迩。

回顾历史，尽管大栅栏这条古老的商业街经历了五六百年的风风雨雨，但依然光耀如昨，不得不让人称奇。都说大栅栏繁华、热闹，那么她到底繁华在哪儿呢？也许可以从老百姓流传的顺口溜窥探一二：

"看玩意儿上天桥，买东西到大栅栏。"

"头顶马聚源，脚踩内联升，身穿八大祥，腰缠四大恒。"

以上顺口溜说的就是早年间大栅栏的地位和繁华景象。

其实不仅在早年间，即便在近代，大栅栏也是很多老北京人、外地游客最爱去的"购物天堂"。现如今在"老北京"中还流传着这样一个购物口诀：买鞋内联升，买帽马聚源，买布瑞蚨祥，买表亨得利，买茶张一元，买咸菜要去六必居，买点心还得正明斋，立体电影只有大观楼，针头线脑最好长和厚。这些老字号，无一例外地都汇集在大栅栏这块"风水宝地"。

大栅栏，北京话读作"大石烂儿"，兴起于元代，建立于明朝，从清代开始繁盛至今。1900年义和团曾一把火将整条街付之一炬，重建后依旧繁华。

说起大栅栏的名称由来，有不少记载，其中最权威的说法应追溯到明代孝宗弘治元年。当时的大栅栏地区叫作廊坊四条，因为附近还有廊房头条、二条、三条，故而得名，直到清代才改名为"大栅栏"。

据明朝历史记载，明代孝宗弘治元年，京城廊坊四条地区入户偷盗现象非常多，搞得民心不稳。城里负责治安管理的百户（军官）王敏就上奏孝宗，说："如今的京城，大街小巷众多，尤其是廊坊四条地区人口众多，而巡逻的官兵却非常少，这难免会防范不周，影响京城的稳定。因此，为了保障老百姓的安全，请皇上下令在大街小巷的各个路口设置栅栏，并于每日的夜间关闭。"皇帝接受了王敏的建议，遂在廊坊地区大街小巷的各个路口设置了一些栅栏。

后来该地区又经历了两次栅栏建造期。第一个时期是在雍正七年（1729年），皇帝批准建了400余座外城栅栏。第二个时期是在乾隆十八年（1753年），皇帝批准建了1919座内城栅栏，196座皇城内栏。因这些栅栏比周围其他胡同的建筑都高大牢固，久而久之，廊房四条这个名字就被"大栅栏"给取代了。清朝末年的时候，德国人拍的关于大栅栏的照片，街口一个铁门上面写的三个字就是"大栅栏"。由此可知，在清朝的时候，大栅栏的名字已然形成。

说起大栅栏，还有一个令人不解的事儿，那就是它的读音。许多外地游客来北京乘坐公交车时，都对售票员报"大栅栏"站名时，把该念为 dà zhà lán 的地名，报作 dà shí làn er 而感到好奇。其实这个问题曾经不知困扰过多少初到京城的人，甚至还引发了许多笑话和尴尬。那么"大栅栏"三个字究竟应该怎么读呢？现如今老北京人都将大栅栏说成大厦（音 shà）栏或大市（音 shì）栏，而根本不念原词本音大栅（音 zhà）栏，民

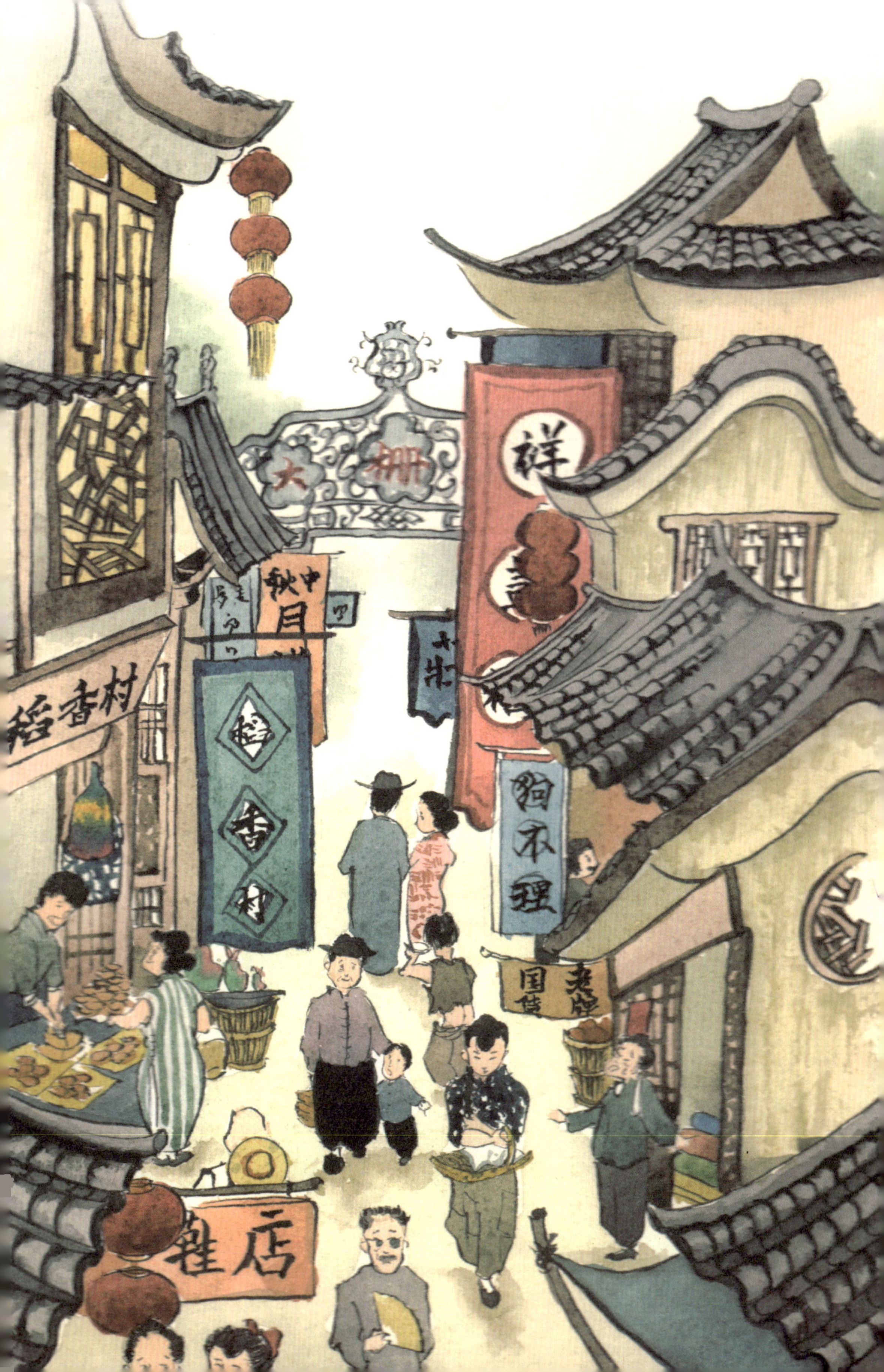

稻香村
香
村
狗不理
祥
中秋
月
店
国货

间流行的这个京味儿的叫法始终无从查考到其渊源，成了一个未解之谜。相关学者认为大栅栏的读音属于地名的特殊读音，这种读法属于保留古音。而部分播音专业教材专门谈到"大栅栏"作为北京的一个地名应读为"dà shí lànr"。

瓮山的由来

提起瓮山，很多人可能不太熟悉，但提起万寿山，估计大家都猛点头了。万寿山地处京城著名景点颐和园内，为燕山余脉，高 58.59 米，海拔 108.94 米。前临昆明湖，其山前曾建有一座圆静寺。在清朝初期，该山曾被当作宫廷养马的草料场。乾隆十五年（1750 年），为庆祝皇太后六十寿辰，皇帝命人于圆静寺旧址修建大报恩延寿寺，并于次年将山改名为万寿山。

那么在乾隆十五年以前，这座万寿山叫作什么名字呢？叫作瓮山，说到瓮山，不得不提起一个古老而有趣的传说。

相传在很多年以前，瓮山这一带还不都是陆地，而是一片沼泽水洼，当地的老百姓除了几家大财主之外都靠打捞鱼虾、做点儿小买卖为生，生活十分困苦。在瓮山的半山腰里，建有一座财神庙，里面供奉的是财神爷赵公元帅。当地的老人们常说："别看这个财神庙又小又破，里面可供着一位大善人呢！这位赵公元帅心地善良，在每年的四月十五这天都会显灵，向一户穷人家施舍钱财。"

其实老人们说的事儿还真不假。因为连着几年，每年都会有一户穷人家在四月十五日这天意外获得一笔钱财，先是卖烧饼的李瞎子捡了一瓮珍珠，后是做扛活的赵老黑挖出了一瓮元宝，再接着是卖醋的老王头捡了一瓮银子……周围的老乡们见了这些稀罕事儿又惊讶又欣羡，都期盼着自家也会成为那被施恩的下一个。

可是那些大财主们知道这些事后可不仅仅是羡慕了，他们可都急红了眼！待到再一年的四月十五那天，他们也都假装穷人，穿得破破烂烂，去财神庙里转悠，妄想赵公元帅也能施给他们一笔钱财。

王有财就是这几个大财主中的一个。王有财家有良田数百亩，在京城还有几家铺子，雇着十来个伙计，可谓家财万贯。可是他依然不满足，妄想得到更多的钱财。于是在四月十五这天，王有财向一个穷邻居借了一套破破烂烂的衣服，从柴火堆里随便捡了根木棒当拐杖，就去财神庙那赶庙会去了。王有财在那庙会上，嘴里不停地嘟囔，说自己上有八十老母，下有几岁幼儿，穷得叮当响，望财神爷能施舍些钱财……就这样嘟囔了一上午，累得腰酸腿痛，口干舌燥，没精打采地回家了。

由于累了一上午，王有财到家后就睡了，还做了一个梦，他梦见从财神庙里蹦蹦跳跳地走出来两个一高一矮的小娃娃，只听高娃娃说："今儿晚上，元帅让我俩拿那一瓮金豆施舍给本村一个最穷苦的人家，咱们赶紧去挖金豆吧！"

矮娃娃问："元帅让咱们施舍给哪一户人家啊？"

高娃娃说："这个人就是住在山西边的大老李，他有个小孩，眉尖上长着一颗痦子。元帅寻访了他一年才确定了这个人选。今晚元帅让咱们把金豆埋在他家西屋旮旯儿里。"

只见这两个娃娃走到山后一棵松树底下，忙活了一阵，挖出一个小瓮来，里面盛满了闪闪发光的金豆子。高娃娃抱起小瓮就走，可一不小心让树根给绊倒了，跌在了地上，把小瓮的一个瓦片给磕掉了。高娃娃也没有捡那瓦片，站起来拍拍身上的土，和矮娃娃一起走了。见两个娃娃抱着盛满金豆子的小瓮走了，把王有财给急得啊，他一阵狂奔，结果碰在了路边

的石头上，给一下子疼醒了。醒了才发现，原来是自己做了一个梦。

　　醒后，王有财赶紧往那棵松树那儿跑，还真的在树底下高娃娃摔倒的地方看到了那个瓦片，王有财忙把瓦片捡起来放在兜里，一路盘算着怎样才能找到那大老李，把那瓮金豆子给弄过来。

　　第二天，王有财一大早就起来前往山西一带转悠，见人就问人家认不认识大老李或者一个眉尖有瘊子的孩子。可是问了大半天也没有问到，就唉声叹气地往家走。刚出山西一带，他就听到一个声音喊道："哎大老李，给我切一块糕！"听见这声音，王有财的心里猛一咯噔，别提多高兴了。他循着那喊声望去，只见一个卖切糕的中年人把车停在路边正在招呼买东西的人呢。王有财赶紧过去搭话，问大老李有没有小孩。谁知大老李一听就垂头丧气，说："哎，我打了半辈子光棍，四十才刚娶上亲，如今都快六十了，还没尝过当爹的味儿呢！"

王有财听了细琢磨："这是不是那俩娃娃提及的那个大老李呀？那个大老李明明有个眉尖有瘊子的孩子啊！"正琢磨间，忽见远处跑来一个年轻人，朝着大老李喊："李大爷您赶紧回家吧，我大娘刚刚给您生了个大胖儿子！"大老李一听，拔腿就往家跑，连切糕车和王有财都忘了。

等他再赶回来找切糕车，天都已经快黑了。见那王有财还在那帮他看车呢！大老李非常感激，一个劲儿夸赞王有财是个大好人。王有财忙恭喜他，说："恭喜贺喜老大哥呀，孩子一切都好吧？"大老李笑不拢嘴了都："是个又胖又壮实的大小子啊，甭提多有福相啦，喜眉笑眼，眉尖上还长了一颗瘊子。"王有财一听乐了，心想：我这一下午没白帮他看车，果然他就是财神爷要找的那个大老李！遂赶紧奉承说："这就是喜鹊（雀）登梅（眉）嘛！"

此后几天，王有财总来山西一带晃悠，有事没事地找大老李聊聊天，很快就和大老李混熟了。

一天，天下起了大雨，大老李家的房子又破又老，到处漏雨。王有财赶紧借机说："老大哥，咱俩关系这么好，理应互帮互助，你家的房子漏雨漏得实在住不下去了，你就搬到我家祖坟附近的几间平房，你的房子就归我了，你看这样好不好？"大老李听了，感激不尽，第二天就搬走了。

这大老李前脚搬走，王有财后脚就迈进家门，到西屋墙旮旯去挖金豆。挖来挖去，果然挖出来一个缺沿的小瓮。他从兜里掏出那块瓦片一对，正好对上了。这下他可高兴坏了，赶紧把小瓮打开，谁知没有看到满满的金豆子，反而从瓮里钻出来几条毒蛇，把他紧紧地缠住，活活给缠死了。

不久后，大老李重新搬回了山西一带。他在重建新房时，也挖出来一个缺沿的小瓮，打开一看只见瓮里盛满了闪闪发光的金豆子。

因为这一瓮金豆，是从山坡上松树底下挖出来的，所以后世人就管这座山叫作"瓮山"了。

王府井的由来

在北京的市中心有这样一个地方，它有着悠久的历史，纯朴的风格，虽饱经沧桑却因居于闹市而充盈着时尚、前卫之感；它吸引了世界各地多方的文化，聚集了国际众多知名品牌；它经常赢得国内外知名人士的惠顾，更吸引了众多平民百姓的眼球；它既可以让你买到世界上最新潮、最昂贵的奢侈品，也能让你惬意逗留，买到居家过日子的普通物品；它是古老的，历经岁月的磨砺；它是新潮的，迸发着新时代的光彩……它就是王府井，全称是王府井大街。

在北京，要是问起王府井大街，那可以说是无人不知无人不晓。可您要是真追起它的根儿来，能说出个来龙去脉、子丑寅卯的人恐怕就没几个了。

传说这王府井大街原是一个王爷的宅子，这个王爷的府中有一口水井。北京城里的水大部分都是苦水，甜水很少。而且一旦遇上天旱，就连苦水都缺乏。

有一年，京城遭遇了几十年不遇的旱灾，几乎所有的井都干涸了。有钱有势的富裕人家都派人用车子去几十里外的玉泉山拉水，而穷人家只能靠肩挑手提，有的甚至靠从井底淘点儿泥浆水活命。

其实，在京城里，并不是所有的井都干涸了，还有那么两三口井还冒着水，那王爷府里的井就是其中之一。而且幸运的是，这口井里冒出的还是甜水。这下王爷不知多高兴了，说这是因为祖宗福气大、造化大，房子和水井都在龙脉上。

不幸的是，这个王爷是个十分恶毒的人，他没有将自家井里的水用来救济周围的老百姓，而是命令王府的一个看门老头把水井看守起来，禁止周围的百姓从中取水。这个看门的老头是个非常善良的人，他对王爷的这一做法非常不满，于是经常偷偷地让老百姓从井中打水。一天，王爷得知了这件事，就找看门的老头质问，老头儿心平气和地对王爷说："王爷，违反您的吩咐这是我的错，可我这全是为了您好哇！"

王爷听了很不解，说老头儿是在狡辩。

老头儿接着说："王爷您一向那么聪明，怎么这时候就糊涂了呢！您想，您是富贵人家，将来免不了要雇人做事，运粮挑米啥的，如果周围的乡亲们都渴死了，到时候您上哪儿去找给您干活的人呢？您请三思啊王爷，若是您还是不同意，今后我绝不让任何人再取走一滴水。"

王爷听了老头的话，觉得他说得有道理，也就睁一只眼闭一只眼，不再追究了。此后再有人来井里打水，王爷也不管不问了。因此，周围的老百姓都非常感激和尊敬这位老头。从此以后，来打水的百姓越来越多，就连住在府外几十里的人也都闻讯而来。王爷府的这口井在这次旱灾中发挥了巨大的作用，救活了不少老百姓，从此，周围的人开始把这座井叫作王府井，王府一带叫王府井大街，就这样王府井的名字被传开了。

簋街的由来

说起簋街，很多喜欢在夜间寻找美食的人肯定不陌生。

簋街位于东直门内大街，东起二环路东直门立交桥西段，西到交道口东大街东端，长约1.5公里。在这条大街上的150多家商业店铺中，餐饮服务业就占了90%，餐厅密度之大在京城恐怕难以找出第二份。因此簋街也被称为是北京的餐饮一条街。

簋街以餐馆多、风味全、特色强、价格廉、夜里"火"而著称，又以

24 小时服务而受到人们的青睐，是老北京城甚至全国都非常有名的一条小吃街，受到众多食客的喜爱。

关于簋街名称的由来，历来有很多个版本，其中一个比较权威的版本是这样的。

据说在清朝的时候，北京的各个城门都有它专门的用途，不得随意使用。例如德胜门就是朝廷出兵所走的门；宣武门是处决犯人所走的门；东直门是专门为了往北京城内运送木材并往城外运送死人用的门……而从东直门城门楼上往外看，就能看到城内有一条笔直的路，对面就是鼓楼，而在对面城外则是一望无尽的坟场。

当时的东直门没有如今这么繁华，还是个城乡接合部，每天一大早就有各种商贩集结到这里赶早市。这些商贩来得非常

早，往往在后半夜就开始蹲点叫卖，到天亮时才散开。由于来得非常早，天还很黑，商贩们便靠煤油灯取光。这样从远处看去，灯光朦胧，再加上周围随处都是棺材铺和杠房，让人觉得非常阴森、毛骨悚然，所以，这个早市也被人戏称为"鬼市"，慢慢地这个地方也被人称为"鬼街"。

许多年后，有很多商贩在东直门大街两侧开了商铺，然而几乎都有亏无盈，最终关了门。这件事在北京城被称为一奇。后来，人们发现，在这条街上，只有做饭馆的生意才能成功，而且还有一个现象是，这里的饭馆白天几乎无人光顾，到了晚上却门庭若市、人来人往。

由于夜里热闹而白天无人问津的反差，"鬼街"在北京的名气越来越大。后来很多商人从中发现商机。后来，这条餐饮一条街被叫作了"簋街"，与饮食文化紧密相连。

如今的簋街发展势头非常好，顾客非常多，已经成为北京饮食文化的代表和时尚餐饮的标志，很多人的夜生活都是从簋街开始的。在和北京共同成长的、很多个值得祝贺的日子，例如申奥成功、中国足球走向世界或者重大的纪念日里，很多人都会选择在簋街度过，彼时，大家一起歌唱、喝酒、拥抱、哭泣、庆贺，创造了很多美好的回忆。因此，簋街也被称为"夜食者的天堂""灯火璀璨不夜街"。

黑龙潭的由来

黑龙潭是北京市密云区比较有名的风景名胜之一，它坐落在密云区石城乡鹿皮关北面的一条全长 4 公里、水位落差达 220 米的峡谷里，距离北京市城区约五十公里。

去过黑龙潭的人都知道黑龙潭有三个特点，即新、奇、险。每到旅游时节，黑龙潭就成了游客们观花赏景的地方。看看美丽景色，住住农家院，尝尝当地的农家菜，都成了游客们的保留项目。

关于黑龙潭的名称来历，还有一段美妙的传说呢！

相传在很久很久以前，黑龙潭所在的地方是一座山，山上荆棘丛生，有一座山洞，有一位老奶奶和她的儿子全成在洞里面住着。

一天，全成正在山上打柴的时候，听到不远处有人呼救。他抬头一看，见前面不远处有一位姑娘在往自己的方向跑，她身后有两位骑马的猎人正持枪追赶。

全成是个乐于助人的热心肠，他没有多想，便顺手往山洞的方向一指，那位姑娘便匆忙躲进了山洞。两位猎人来到了全成的面前，问他有没有看见一只狐狸从这里跑过。全成心里非常疑惑，狐狸？他很快明白了过来，但并没有将实情告诉两位猎人，只是信手往东一指，两位猎人便匆忙向东方追去。

姑娘见猎人走远后，便走出洞来，拜谢了全成，准备离去，但又不知去哪里才好。全成见她无处可去，便和母亲商议，留姑娘在山洞住了下来。

全成和姑娘日久生情，后来结为夫妻。

一年后，全成全家商议，将家搬到了山南平地（今天的凤泉区何屯村）。从此，他们一家和和美美，生儿育女，日子过得非常快乐。

几年的时光很快过去了。一天，妻子突然告诉全成说，自己并非人类，而是一只得道的狐狸精，为了报答全成的救命之恩而嫁与他。如今时日已到，很快她的父亲便来接她回宫。

全成听后，伤心大哭，其母和儿女也大哭不止，但又无计可施。

离别的时刻很快就到了。一天早上，一位白发老头前来敲他家的门，并大喊："小女儿你快出来吧，天命难违，你赶紧跟父亲回天宫去吧！"说话时，天空电闪雷鸣，狂风不止。

妻子怕殃及全成及全家，便打开了家门。只见滚滚乌云落地，随乌云降下了一条黑龙。白发老头便携女儿跨上了黑龙背，黑龙立即驮父女俩腾空而去。

这条黑龙腾飞的地方留下了一条龙样的深沟，后世的人称之为"全成黑龙潭"，又称"黑龙潭"。这深沟便是如今黑龙潭的所在。

第三章

老北京
名胜古迹传说

北海九龙壁的美丽传说

　　龙壁是我国特有的建筑形式，有一龙壁、三龙壁、五龙壁、七龙壁、九龙壁等多种形式，其中以九龙壁最为尊贵。九龙壁通常建在帝后、王公居住或经常出入的宫殿、王府、寺院等建筑正门的对面，是我国照壁建筑的进一步发展。

　　我国的九龙壁众多，以大同、北海和故宫的最为著名。规模最大、历史最久的一座，在山西省大同市内，为辽代所建，即大同九龙壁；建筑最精、构图最美的一座，建在北京城的古典园林北海中，即北海九龙壁；第三座，我国唯一与原建筑一起完好保存下来的九龙壁，在故宫的宁寿门前，即故宫九龙壁。

　　北海九龙壁在北京北海公园的北岸澄观堂东北，面对太液池，遥望琼华岛，翠柏掩映，石径相通。优雅的环境和独有的建筑艺术，好似珠联璧合，使北海九龙壁极负盛名。朝阳初升，九龙壁犹如在表面涂上了一层耀眼的光辉，巨龙仿佛冲破雾霭，腾身游动起来。随着晨雾的消散，九条龙更加绚丽，万缕金光在龙身上闪耀，龙身抖动，昂首摆尾，盘绕弯曲，在海波上翻腾，在流云中穿行，犹如真龙再现，宛然如生。

　　关于九龙壁，流传最广的一个传说是，九龙壁上的龙曾经动过。唐鲁孙在专著《南北看》中曾经提到过这么一件事：乾隆二十一年（1756年）的一天，一位高僧给九龙壁开光，当时九龙壁前佛光普照，这位高僧坐在前面摆放着香案、香炉的黄蒲团之上，周围围着数百人，显得十分庄严。在开光的过程中，天空布满了祥云和晚霞，有个好动的小孩子无意中把手绢扔向第九条龙的头部，这时候不可思议的事情发生了。大家看到第九条龙忽然有了灵性，龙眼、龙须都动了起来，把手绢吸着不放，仿佛要从壁上飞下来……当然，这只是一个传说，但却反映了老百姓一个淳朴的希望，就是希望龙具有灵性，能够保佑世人平安。

见识过北海九龙壁的人或许会有这样一个疑问：九龙壁上是否真的只有九条龙呢？我明明从上面看到了很多条龙，为什么却起名为九龙壁呢？细心的人会发现，除了壁前壁后各有九条醒目的戏珠蟠龙外，壁的正脊、垂脊和其他一些建筑构件等地方都有龙的踪迹。九龙壁顶呈庑殿式，有一条正脊，四条垂脊，正脊前后各有九条龙，垂脊左右各有一条龙，正脊两侧有两只吞脊兽，它的身上前后也各有一条龙，这样五条脊上就有三十条龙。往下每块瓦当下面镶嵌的琉璃砖上，也各有一条龙，壁四周共有筒瓦二百五十二块，陇垂二百五十一块，龙砖八十二块，加上跃于云雾之中的十八条蛟龙，就有六百三十三条龙了。再仔细看，在正脊两侧吞脊兽下，东、西还各有一块椭圆形的瓦当，上面也各有一条龙。这样算来，北海九龙壁上总共有六百三十五条龙，而并非许多人所想象的九条。

关于北海九龙壁，还有一个传说，那就是九龙壁曾经被修补过。九龙壁曾经遭遇过一场大火，这场大火使九龙壁失去了往日的光彩。乾隆年间，皇帝下令修补九龙壁。可偌大的一个龙壁，修补起来又谈何容易，必须请技术最高明的工匠才能完成。最后，一个名叫马德春的工匠被选中了。马德春拥有几十年的烧制琉璃瓦经验，可谓技术高超、经验丰富。

修补工程很快就开工了。在进行修补之前，马德春一而再再而三地向工人师傅们叮嘱烧制彩色琉璃瓦时一定要掌握好火候，在马德春的辛苦指导下，足足烧制了七七四十九天，才把需要的琉璃瓦给烧制成了。

安装的日子到了。正当大家都忙着的时候，突然传来一声脆响，把众人吓了一跳，马德春更是被吓坏了。他赶紧循声赶来，只见地上零零散散地堆着一些琉璃瓦碎片，原来是一个小工匠在搬琉璃瓦的时候一不小心摔

倒了，把几片琉璃瓦给弄碎了。马德春忙先安抚了众人，低声对他们说："这事儿对任何人都不能讲，谁要是吐露一个字，可有杀身之祸啊！"众工匠忙点头称是。马德春回到家里，紧张得直冒冷汗，这可怎么办呢？重新烧制琉璃瓦已经来不及了，但又承担不起延误工期的罪名，可是另打主意来补救又要冒着欺君之罪的大险呀！眼看没几天就要交工了，他把心一横，就这样等死还不如闯一闯碰碰运气。连着几天，他茶不思饭不想，谁也不见，只是把自己关在一个小屋里，悄无声地地偷偷制作"琉璃瓦"……

很快九龙壁的修补工程完成了。乾隆皇帝率领众大臣来看新修的九龙壁。走近看，只见那些龙栩栩如生、熠熠生辉，简直和真的一模一样。他走到壁前，仔细欣赏每片琉璃瓦上的巨龙，从东到西，一条龙一条龙地看。乾隆不停地赞叹修补工艺的卓绝。跟在人群后面的马德春心都快提到嗓子眼了，头上冒着汗，腿有些发软。乾隆来回看了几遍，真是打从心眼里喜欢，赏了马德春许多金银财宝。

待乾隆走后，马德春一下子坐在了地上，心想这真是太惊险了，差点儿连身家性命都赔了进去，还好皇帝没有发现什么纰漏。要问马德春为什么担心呀，他到底有什么可隐瞒的呢？

原来他为了补上那块被摔碎的琉璃瓦，可谓费尽了心机。他用了两天两夜的工夫，硬是用一块上好的楠木雕成了一段龙身，并在乾隆前往观看的前一天才匆匆忙忙地安装上。这要是让皇上知道了，可就是灭九族的欺君之罪呀！

如今您如果有有机会去北海公园玩，见到那座九龙壁，从东边数第三条白龙的身上有一块琉璃瓦据说就是当年马德春用楠木雕成的，您不妨好好地观赏观赏。

朝宗桥的前尘往事

朝宗桥，又被称为沙河北大桥，为七孔石桥。全长 130 米，宽 13.3 米，中间高 7.5 米，七孔联拱结构，桥两旁有石栏柱 53 对。位于昌平区沙河镇北 0.5 公里处，旁边就是巩华城。在此桥北端的东侧有明万历四年（1576 年）所立的螭首方座汉白玉石碑一座。该座石碑通高 4.08 米，宽 1.1 米，厚 0.39 米，碑额正背俱篆书"大明"二字，碑身镌刻大字"朝宗桥"。是明朝帝后、大臣谒陵北巡的必经之路，又是通往塞北的交通咽喉，与卢沟桥、永通桥并称为"拱卫京师三大桥梁"。

如今的朝宗桥，经历了几百年历史风雨的洗礼，依旧坚固如初。用它的坚强和大气书写着一段段老北京城的历史。

关于这"朝宗桥",方圆几十里流传着这样一个传说。

相传在很久以前,大约是明朝的初期,那时候这沙河上并没有石桥。后来,明朝的皇帝在昌平修建了皇陵后,经常去皇陵,而去皇陵每次都需要跨过沙河,这样行走起来特别不便利。于是派两个人去修建一座石桥,这两个人一个是赵朝宗,另一个是赵阿四。其中赵朝宗主修北大桥,赵阿四主修南大桥。

赵朝宗对工作非常认真负责,他花费了一段时间进行摸底、选材,对每个环节都严格把关,所以工程进展得相对慢些。而赵阿四却非常狡猾,他在工料上搞了许多鬼,买那些便宜的低级材料,桥墩外面用石头垒,里面填的全是沙子,而剩下的钱便进了自己的腰包。而且为了省工钱,他经常催工,很快,南大桥就完工了。

皇帝得知赵阿四完工的消息后,非常高兴,大大犒赏了他。并向他问起北大桥的修建情况。赵阿四便陷害赵朝宗说:"那赵朝宗整日地吃喝玩乐、无心做工,离完工之日还早着呢!"

皇帝听了赵阿四的话,非常愤怒,便着太监去北大桥那里查看。那太监走到北大桥那里发现北大桥也快完工了。可是当时的赵朝宗听说南大桥已经完工心里很着急,只顾着赶工而没有好好地款待那太监,这可气坏了平日里就耀武扬威惯了的太监。太监二话没说就气哄哄地走了。

待太监走到了德胜门,看到赵阿四正等在那里。赵阿四见太监的脸色非常不好,心知肯定是赵朝宗把他给得罪了,这下可太好了!赵阿四乐呵呵地迎向那太监,专门找了一个酒楼热情款待了他,还悄悄地给了他很多银子,把他哄得开心极了,这才放下心来。

那个太监见到皇帝后,便把赵朝宗从头到脚批了个遍,说他如何偷懒,如何傲慢,工程如何糟糕,然后又把南大桥大大吹嘘了一番,皇帝听了又喜又气,喜的是南大桥的好,气的是赵朝宗的不是。

二人正交谈着，这时候赵朝宗也上朝来了，报告北大桥已经完工。皇帝正在气头上，见他来了，就沉着脸说："真是说曹操曹操到哇！朕正想找你呢！南大桥早就完工了，你这北大桥怎么这么晚！"

赵朝宗说："微臣只知道整日抓紧修桥，不知道南大桥为什么这么快就完工了！"

皇帝又问他："你修这北大桥花了多少钱啊？"

赵朝宗便把银簿呈上。皇帝一看急眼了，这北大桥用的钱可比南大桥用的整整多出了一倍哪！怒问："怎么相差这么多，你说这到底是怎么一回事！"

赵朝宗赶紧解释说："微臣所用的料都是最实惠的，在施工中也不敢浪费一分钱。也想不通南大桥为何花费这么少。"

这时候，那太监站出来说话了："据我调查，南大桥无论是用料、还是施工上都非常节约，而你们北大桥原本也根本用不了那么多银子，那多出的钱都被你装进自己腰包了！"

这不是血口喷人嘛！赵朝宗听了太监的话，气得一句话也说不出来了。他越说不出来，皇帝越觉得是他贪污了。一气之下，便下旨斩了赵朝宗，反而对赵阿四犒赏加爵。

可是最终真相还是露出来了。几年以后，北京城遭遇暴雨，沙河水位暴涨。北大桥屹立在洪峰之中岿然不动，而南大桥则不同了，顷刻之间就坍塌了，桥墩里埋藏的沙子全都露了出来，被冲得干干净净。这时候皇帝才明白是自己被蒙骗了。为了纠正自己的错误，也为了为赵朝宗沉冤昭雪，他下旨斩杀了那个太监和赵阿四，又命人在北大桥的桥头竖起一座刻有"朝宗桥"三字的石碑。

如今几百年过去了，朝宗桥依然坚固地屹立在那里，而南大桥早已不知去向。

卢沟桥的狮子真的数不清吗

提起卢沟桥上的石狮子，老北京民间有这样一个说法，那就是："卢沟桥的狮子——数不清！"关于这一说法，明代的《帝京景物略》也有卢沟桥的石狮子"数之辄不尽"的记载。

如今，许多游客在参观卢沟桥时，听到这个说法，偏不信邪，通常会不由自主地数一下，试图弄清楚石狮子最终的数目，但数来数去，搞得眼花缭乱，最后只能作罢。

其实不仅现在的人对这个说法不服气，古时候也有个人对这个说法不服气。

这个人是一个来自山东的枣贩子。一天，这个枣贩子经过卢沟桥看到了石狮子，便开始数起来。只见他从西数到东、从东数到西，数了一遍又一遍，最后还是没有数清楚。

与他同行的其他的枣贩子便劝他别数了，说卢沟桥的狮子数不清是由来已久了的事儿了，你只是个普通人，也数不过来的。可是，这个枣贩子却是个倔强的人，他心想："卢沟桥整个桥的栏杆也不过几百米长，能有多少石狮子啊，只要认真数总能数过来，我偏要数清楚，赌赌这口气！"

说来这枣贩子还挺聪明的，他汲取上次的教训，不那么硬数了，而是采取了一定的技巧。只见他从枣筐里捧出一大堆枣来，然后开始数狮子，见一个石狮子就往其嘴里塞一个枣。这样从桥西数到桥东，又从桥东数到桥西，数来数去，总能看到有的狮子嘴里没塞着枣。接着他又数出一堆枣来，继续数狮子，可数了整整一天，自己枣筐都见了底儿，还是有许多嘴里没塞着枣的石狮子。他没有办法，只能放弃了，心情低落地离开了卢沟桥。

看了这个故事，很多人不禁要问：卢沟桥上的石狮子真有那么多吗，怎么数也数不清？要回答这个问题，还得再看一个故事。

想当年修建卢沟桥的时候，当时的皇帝下旨三年之内必须完成，否则对施工者处以刑罚。皇帝的话就是圣旨，谁要是违背了，那可就是掉脑袋的大事啊！所以皇帝的话一出门，众多相关的大小官们便赶紧行动，到处"征兵买马"，抓捕各地的工匠、民夫，搜刮各地的钱财银两，整得老百姓们东躲西藏、苦不堪言。

工程很快就开始了。那些被抓来的工匠和民夫历尽了千辛万苦、没日没夜地拼命干，终于开采出了所需的石料，并把这些石料运到永定河边，准备修桥。两年多的时间过去了，桥总算有了个模样，众工匠和民夫都大大地松了口气，盼望着完成剩下的工，早日回家团聚。

可是，令他们想不到的是，就在即将完工的时候，又出了新的难题。

事情是这样的：当时恰逢皇帝过生日，为了给皇帝庆生，各地的官吏可谓使出了各种讨好的方法，其中有一个外国使节进贡了大象和狮子各一对，并说它们是百兽之王。皇帝第一次见到真正的大象和狮子，别提多开心了。知道它们是百兽之王后，心想："今日可是百兽之王来朝贡人中之王哪！这让朕太开心啦！"可转念又一想，大象和狮子只有这几只，日后总会死去，如果它们死了可怎么办？突然，他想到了正在修建中的卢沟桥，何不把卢沟桥修建成狮象桥，要以后的历代子孙将狮子、大象这些兽中之王踩在脚下，以示人中之王的厉害和威严呢！好，就这么做！

谁承想，皇帝这个形成于一念之间的想法可害苦了正在修桥的工匠和民夫们。他们原以为工期马上结束了，正苦思冥想着与家人团圆。这下可好，不知道又要耽搁到什么时候才能回家了。

监督工匠和民夫干活的官吏把他们召集到了一起，并对他们说："把卢沟桥修建成狮象桥是咱们当今圣上的旨意，谁也不可以违背。至于如何修建，还需各位尽快想出办法来。若到了三年的期限还完不了工，到时候可要全部被杀头，各位的家产也要被充公。你们好自为之吧！"

其实，这官吏之所以这么说，并不是情况真的是这样，而是他另有所图。他早就打好了坏主意，眼看卢沟桥马上就要完工了，三年的期限也就要到了。到时候只要托个受皇帝恩宠的大臣向皇帝说大桥已经完工，没办法改建，再另外选个地点另修一座狮象桥也就能交差了。这样说不定最后还能再捞一笔外财呢！现在催逼工匠、民夫们，为的是赖掉他们三年的工钱，再将他们的家产都搜刮殆尽。

众工匠、民夫们听了官吏的话，都非常担忧。如果想不出好的改建方法，还要挨皮鞭。不仅如此，如果不能在三年的期限内将桥修好，不光工钱拿不到手，恐怕连命都得搭上。可皇帝的圣旨谁敢违背，官吏如狼似虎，平民百姓又怎么对付得了呢！他们一个个在那儿唉声叹气。

正在大伙儿无计可施之际，有位老工匠从人群中走了出来，对大伙儿

说："各位伙计可别着急，咱们一身好手艺在身，难道就想不出好法子来吗？只要我们劲儿往一处使，肯定能想出改建桥的方法，还能在三年工期内完工，这样我们的命、家产和工钱就都能够保住了。"说完还朝那官吏神秘地一笑。

那官吏见老头儿胸有成竹的样子，心想："我的那点儿心思全让这糟老头子看透了，我得好好想个法子对付他们！"

不一会儿，那官吏就又想到了一个点子。只见他对众工匠和民夫说："好！只要你们如期将狮象桥修建完工，不但工钱一分钱都不少，我还额外赏你们每人十两银子。可是，我有一个要求，那就是，石桥上的狮子数不能少于四百头，大象数不能少于两头。到时候如果你们完不成我的要求，别怪我不客气了！"

大伙儿听了官吏的话，都心说，这不是明显在给大家找碴嘛！一座桥上要有四百只石狮子不说，还得不少于两头大象。这地方，别说俩大象了，就是一头大象也搁不下啊！想到这里，他们都愁眉不展，一个劲儿朝之前说话的那个老工匠看。

只见那老工匠又站了出来。他一点儿也不着急，说："好，就这么着！大人您就且等着到时候验收大桥好了！不过我们也有一个要求，那就是大人说的话一定要算数，不然我们到时候宁可拼了命，也要把这座桥拆掉，到时候您可就没办法交差啦！为了保险起见，请大人和大伙儿立个字据。"

那官吏听了心想，这么短的时间内，谅你们也想不出什么好法子，于是就命人拿来笔墨，说："好！咱们立字为据。到时候谁也不能反悔！"当下立了字据。

立完字据后，大伙儿赶紧开始干活儿，他们在老工匠的指导下，在每个桥栏柱上都刻了石狮子。可是一段时间过去了，每个柱上都刻了也总共不过两三百个，离四百的数目还远着呢！这可怎么办呢？大伙都非常着急。这时老工匠说："大伙儿只管听我的指示干活，在桥头两端各刻两头大象。石狮子的事到时候我自有应对的计策。"

大伙儿听了又有新的难题了，刻大象倒不难，可大象究竟刻多大才合适呢？小了吧不好看，大了吧没地儿，到时候桥头高出桥身了又不像个桥样儿了。

这时候，老工匠在地上画了一个图，把大伙儿都逗乐了。原来画的是头跪在地上的大象，鼻子正好顶着桥头一端，这下子不但大象变矮了，桥头和大象连在一起，好看不说，桥又结实了不少。大伙儿都连连称赞老工匠聪明，并依着他的图开始刻起来。

三年的期限很快到了。最后一天，那官吏便领着几百个随从来验收大桥。其实他带这么多人来是有目的的，目的就是找大桥的茬儿。

可是，他一见着大桥的样儿，惊呆了，心里不禁暗暗称奇叫好。可一想到这么多人的工钱还要按期发放，心里就非常不舍。于是他马上吩咐众随从仔细查看，四处找毛病。众随从们转过来转过去，也没有挑出一个毛病来。那官吏不死心，就说："给我查查石狮子的数目够不够四百。"

听了官吏的话，众工匠和民夫们都吓呆了，他们施工的时候就只刻了两三百只狮子，本就不够数啊，这可怎么办啊！只有那老工匠一点儿不着急，他对那官吏说："每根柱子上都有一只狮子，请大人您派人查点吧。"

那官吏见众工匠和民夫变了脸色，便知道石狮子的数目肯定是不够数了，心里别提多高兴了，马上让众随从查数。随从们一听老工匠说每根柱子上都有一只狮子，心想这就好数了，便头也不抬地数着柱子。那老工匠呢？只见他手持个铁锤跟在随从们的后面，随从数一根，他就用锤子在狮子身上敲打两下。当官的看着也不理睬他，心说，你这一两锤也打不坏桥，等数完数我头一个先杀了你。

不一会儿，随从们便数完了。他们兴高采烈地向官吏报告说："石狮子不够数，才有两百八十个。"官吏听了，非常开心，他大手一挥，吩咐随从们将众工匠和民夫就地斩首。只见随从们呼啦啦一下子把大伙儿都围了起来。

这时候，老工匠又站出来说话了："大人您请慢，你们还没有数完狮子，怎么就要杀人？"

众人都愣了。老工匠接着说："我刚才说的是每根柱子上都有一只狮子，可狮子身上还有狮子呢，你们光数桥柱怎么知道一共有多少狮子啊？"

官吏听了一下子火了，呵斥道："赶紧给我再去数一遍，看我待会儿再和你们好好算账！"随从们赶紧又去数了，可是难题出来了！只见他们忙得团团转，数到日头偏西，也没数清到底有多少只狮子。

原来，老工匠刚才那么敲打几下，大狮子身上就又出来许多小狮子，爬的滚的、躺的卧的、撒欢的吃奶的，根本就没法数，太多啦。

随从们实在无计可施，只得向官吏报告说狮子太多了，根本数不清，但绝对不少于四百个。那官吏听了，又气又急，只得留下工钱、赏银，灰溜溜地走了。

那位老工匠呢？当大家待官吏走后，一起欢呼时，却怎么都找不着他的影子了。大伙儿都说他是工匠们的祖师爷鲁班，特意显灵来搭救后代徒孙来的，从此卢沟桥上就有了一个"石狮子数也数不清"的说法。

可是，卢沟桥上的石狮子真的数不清吗？

1962年，北京文物工作队在一次调查研究中，专门对卢沟桥的石狮子做了一次清点工作，并将它们逐个编号登记，清点出大小石狮子485个。

颐和园十七孔桥的传说

去颐和园游览，有一个景点是不得不去的，那就是十七孔桥。十七孔桥始建于清朝乾隆年间，是颐和园内最大的桥，由17个桥孔组成，长150米，飞跨于东堤和南湖岛，由于桥孔大小不一，所以桥面有一定的坡度，像一张弓。十七孔桥像天空中七彩的长虹飞架在碧波万顷的昆明湖上，又像神话中的鼍龙状如半月浮游在平滑似镜的水中。

走在十七孔桥上，很多人不禁会问，它为什么是十七个桥孔呢，它为什么叫作十七孔桥呢？有什么说法吗？难道以桥孔的数目命名，就只是为了告诉人们此桥有十七孔这么简单吗？

当然并非如此。十七以"九"中分，即从桥东西两端算起，第九孔是中央的大桥孔。而按照古时候的礼制文化，"9"被称为极阳数，是过去封建帝王最喜欢的吉利数字，象征天、天子或帝王，常常被应用于礼制及皇家建筑之中。例如在故宫内就有9级台阶、9环石砖、9只角兽等；而中央则是最尊贵的方位，属于帝王的位置，《荀子》中的话就印证了这一点："故王者必居天下之中，礼也。"颐和园作为封建帝王自家的园林，是供皇帝与后宫佳丽游玩的地方，将桥的中央桥孔设计为第9孔，将桥建成17个孔，意思很明显，就是想表明桥的尊贵和皇家的威严。

其实，不仅十七孔桥的名称来历有说头，在修建这座桥的时候，还发生过一个有意思的故事呢！

据说，当年乾隆皇帝为了修建十七孔桥，请来了全国各地的能工巧匠，这些能工巧匠用他们的勤劳和智慧，从房山的大石窝里一斧一凿地开采出了一块块洁白的汉白玉，并历尽千辛万苦将这些汉白玉运到修桥工地。

一天，工匠们正在工地上干活，突然来了一个满头银发、衣衫褴褛的老者，只听他一声声叫卖："谁买龙门石！谁买龙门石啊……"工匠们看他那肮脏劲儿，认为他是个疯子，都没有搭理他。老者就这样在工地上吆喝了三天，还是没人理他。

无奈老者只得离开了工地，往东走到六郎庄一棵大槐树底下就停下了。从此他夜里就睡在树底下，每天起早贪黑地用铁锤凿那块龙门石。日子就这样一天天过去了。

突然有一天，天上下起了大暴雨。老者的眼睛被暴雨打得根本睁不开，于是他停下手中的铁锤，双手

抱头，蹲在树底下避雨。就在这个时候，村西住的老王从这里经过，看见老者那副可怜的样子，非常不忍，便邀请老者来自己家里住下。

谁知老者这一住上就不走了，在老王家有吃有喝的好不舒服，他一下子住了一年，当然这一年中他也没闲着，那就是整日地继续埋头凿那块龙门石。老王是个比较善良的人，对老者的长住也没有说什么。

一天，老者突然对老王说："从今以后我就不在您这儿住了，这一年里，我的吃喝你一点儿都没有短我，你的恩情我实在无以回报，我也没什么可报答的，就把刚凿好的这块龙门石送给你吧！"

老王看了看老者手中的那块龙门石，对他说："你也别说什么报答不报答的话了，大家都不容易，这块石头倾注了你很多的心血，我无论如何也不能收。况且我留着这块石头也没用，你还是拿走吧！"

老者："你别看我这块石头很普通，真要到节骨眼上，花一百两银子还买不到呢！"说完，把石头往老王家门口一放，就离开了。

一年的时间过去了，十七孔桥的修建工程也快完工了。乾隆帝为了表示自己对该桥的重视，准备来这里参加"贺龙门"仪式。

眼看"贺龙门"的日子马上就要到了，可桥顶正中间最后那块石头却怎么都凿不好、砌不上。这可急坏了负责该项工程的官吏。这时，有工匠想起了那个卖龙门石的疯癫老者，就对这官吏说："大人您何不去找找那疯癫的老头儿，说不定能有什么帮助呢！"

官吏也没有别的办法，只好派人四处打听老者的下落。后来总算打听到那个老者曾经在六郎庄老王家住过，官吏就亲自来到老王家。刚进门他一眼就看到窗底下那块龙门石，就蹲下来量了量尺寸，结果是长短薄厚一分不差，就好像专为修桥而凿的一样。

官吏别提多高兴了，对老王说："你这龙门石真是天上的仙人专为修桥凿的，可大大地帮了我的忙哪！你说个数吧，多少银子我都给！"

老王这人非常实诚，就说："我也不要那么多银子，这样吧，那老者在我家吃住了一年，你就给我他一年的吃住费用吧！"

官吏听了，给了老王一百两银子，派人把龙门石搬走砌在了十七孔桥上，那可是一点儿也不偏一点儿也不斜，刚刚好，龙门终于合上了！

完工后，众工匠都大大地松了一口气，这桥修得可不容易哪！如果没有那块龙门石，皇帝一旦发怒，我们的小命可都没了哇！就在这时候，有一个工匠突然醒悟过来，对大家说："工匠师傅们你们都明白了吗？帮我们凿这块龙门石的那个老者肯定是鲁班爷爷下凡，来帮咱们修桥来啦！"此这以后，鲁班爷爷帮助修建十七孔桥的故事，就流传开了。

颐和园佛香阁的传说

在颐和园的众多建筑中，佛香阁是其中比较重要的一个，是颐和园的主体建筑，为全颐和园建筑布局的中心，位于万寿山前高21米的方形台基上。佛香阁高40米，8面3层4重檐，阁内有8根巨大铁梨木擎天柱，结构相当复杂，是一座十分宏伟的塔式建筑。

佛香阁的历史十分久远，据史载，其始建于清朝乾隆年间。当时，乾隆帝想修建一座九层高的宝塔，他把地址选在了如今佛香阁所在的地方。可是，当建筑施工到第八层的时候，乾隆帝突然改变主意，下旨停止修建，而改建一座阁楼，由此诞生了佛香阁。

后来的佛香阁经历了被摧毁和被重建的过程。鸦片战争期间，佛香阁被英法联军摧毁。后来到了光绪年间，光绪帝下旨重建佛香阁，并在里面供奉一些佛像，这才有了我们今天所见的这座宏伟建筑。每年的特别的日子，慈禧太后都会专门出宫来这座阁楼烧香拜佛。

当年乾隆帝原本下旨修建九层宝塔，并且已经建到了第八层，却为何会突然下旨停止施工，改建阁楼呢？难道其中有什么难言之隐？

关于其中的缘由，各种说法都有。

有的说为了避免塔影的重叠。因为在京西一带，本来就建有很多宝塔，如果再建一个那么高的宝塔的话，难免会出现塔影重叠的现象，所以为了避免这种现象的发生，乾隆帝才又下旨拆塔建阁的。对于这个说法，很多人质疑，说乾隆帝之前决定在那里修建九层宝塔，事前必然做好了充分的调查和研究，不会在即将完工的时候，突然改变主意，所以这种说法有待商榷。

有的说是打着为母亲做寿的名义而完善皇家建筑。具体是指当年乾隆帝之所以修建宝塔，名义上是为了给母亲做寿，而实际上是打着为母亲做寿的名义，想把三山五园连成一体，使宝塔成为联系东西皇家园林的主体建筑。可是在建到第八层的时候，他突然发现，这个塔和他原来的想象有点儿落差，并不十分相符，所以将宝塔拆除，改建成了佛香阁。针对这一说法，很多人也持有异议，觉得无据可依，纯属猜测。

其中比较权威、可信的是第三种说法：

据说，当年乾隆帝觉得这里的风水比较好，便想在这里建个九层高的宝塔。可是在施工之前，有个大臣觐见说，这里的风水虽然不错，但是在万寿山的下面，却有一座古墓，是明朝某个王妃的，还是不要动这个地方比较好。

可是乾隆帝却不这么认为。他觉着自己乃是大清朝的一国之君，岂能怕小小一个明朝的王妃？况且，明朝的事儿早已经是多少年前的事啦，怕了只是自己吓自己。于是宝塔的修建照原计划进行。

接到乾隆帝的旨意后，负责修建宝塔的大臣便慌忙着手安排修建事宜了。时间过得很快，很快修建了八层。可是就在修建第九层的时候，却出了意想不到的事儿。

原来，工人们正准备修建第九层时，突然感觉到地基不稳，楼层晃动。工人们赶紧查看，突然在地基周围发现了一座墓的石门，只见石门上赫然刻着八个字：你不动我，我不动你。

乾隆帝听了大臣的报告后，非常惊讶，他赶紧亲自去看，果然看到了古墓和那八个大字。难道真的冥冥之中这个王妃知道自己要来挖她的墓吗？

如此看来，这个前朝王妃在生前也不是一盏省油的灯，还是少招惹她为妙，省得给自己惹来什么麻烦。于是乾隆帝赶紧下令停止修建九层宝塔，让人把土重新填到原来那个地方，在万寿山上盖了一个阁楼，希望利用这个阁楼将那个明朝王妃的魂魄镇压住。这个阁楼，就是我们这里所说的佛香阁。

颐和园如意门的由来

在去颐和园游玩的时候，不知您有没有注意到这样一个门，它在颐和园的西面，也就是京密引水渠的边上，旁边是石舫和西堤六桥。这个门与其他的门相比，规模相对小一些，也不如其他门漂亮、大气，但是却是颐和园游客流量最大的门之一，它就是如意门。

门？很多人听了肯定感觉很奇怪，因为在大家能叫得上来的颐和园几个门的名字里面，几乎都带着一个"宫"字，例如东宫门、北宫门、新建宫门等，为何独独这个门不叫什么什么宫，而叫如意门呢？

说起来里面还有一个故事，这个故事与清朝的慈禧太后有很大的关系。

众所周知，颐和园是当年慈禧太后挪用北洋水师的军费修建的，据说慈禧太后非常喜欢这个园子，在它还没有最终完工的时候，就迫不及待地去园子里查看查看了。

那是在一年的夏天，当时的园子已经修建了百分之九十多，就剩下一些边边角角没有完善了。慈禧太后在皇宫里待着没什么事儿，就忍不住去园子里溜达了一圈。

这慈禧太后到了颐和园一看，别提心里多高兴了，只见园内要山有山，要水有水，要花有花，要草有草，还有多彩的长廊、高伟的建筑，非常漂亮。最重要的是，园子里非常阴凉，正好可以避暑。慈禧太后越看兴致越高，就忍不住多走了一会儿。

她在园子里这么一走，刚开始的时候或许感觉不到累，可是时间久了，累劲儿就上来了。

可是，由于工程还没有最后完工，园子里可供休息的地儿特别少，而且用来休息的房子里什么家具也没有，所以没法子在里面休息。而且，这里离石舫非常近，慈禧心想与其回宫里，不如去香山避暑、休息。可是颐和园和香山之间的距离不算远，但若从石舫回到颐和园东宫门，然后再从东宫门绕到香山，那可就是一段不短的距离了。怎么办呢？这可急坏了旁边跟着的太监们。

正在大伙儿手足无措的时候，一个小太监灵机一动，叫来了几个工人，三下五除二，拆开了一段院墙，现出了一个通到园外的门洞，然后对慈禧太后说："老佛爷您看，这里有个门还没有修好，咱们索性从这里绕过去，这样很快就会到香山的。"

慈禧太后见状，心里非常高兴，便准备从这道"门"里穿过。可是旁边负责修建工程的大臣可着急了。因为当时修建园子是要走审批流程的，为的就是避免项目运作中的贪污腐败等违法乱纪现象。原本在账本里面就

没有关于这个"门"的支出预算，现如今这里要修建一道门，这所需要的材料可什么都没买呢。这个大臣想了一会儿，突然灵机一动，连忙上前向慈禧太后道："老佛爷，现如今这个门还没有起名字，不如您现在就赐一个名儿吧！"

慈禧太后本来想脱口而出说西宫门，一想又觉得俗气，体现不出自己母仪天下的威仪。可一时又想不出来别的，正在那犹豫犹豫的时候，刚才说话的那个小太监又进言了："老佛爷，奴才斗胆说一句，您说这里叫作'如意门'如何？"

慈禧太后听了沉吟片刻，心想，刚才自己就是想快点儿出去，正苦于没有近路的时候，这个门恰巧出现了，不是如意门又是什么！于是她点头赞道："你个猴儿崽子还挺机灵的，如意门这个名儿不错，好！就叫如意门。来，快给这猴儿崽子打赏！"

从此以后，这个现拆出来的门，就被叫作如意门，一直叫到现在。

天坛九龙柏的传说

曾有一篇报道说，美国前国务卿基辛格在参观北京天坛时曾经说过这样的话："天坛的建筑很美，我们可以学你们照样修一个。但这里美丽的古柏，我们就毫无办法得到了。"天坛，不仅因世界上现存最大的祭天建筑群而闻名中外，它也是北京地区面积最大的"古柏林海"，拥有形态各异、历史悠久的古柏群。

说起天坛内古柏的数目，令人咋舌，有3600多棵，其中大多种植于明代，距今有五百多年的历史。这里为何种植那么多的柏树呢？

原来，在古时候，人们都视古柏为"神柏"，柏树也因其常青长寿、木质芳香、经久不朽，被视为吉祥昌瑞之树。而历代帝王更是喜欢在皇家坛庙或者陵墓地带种植各种柏树，以示"江山永固，万代千秋"之意。天坛就是这样一个皇家坛庙。在天坛，不仅柏树的数量非常多，名柏也有很多，如槐柏合抱、迎客柏、问天柏、莲花柏、卧龙柏等，其中比较有名的是九龙柏。

九龙柏，又被称为"九龙迎圣"，生长在天坛皇穹宇西北侧，种植于明代永乐十八年，至今已度过了五百八十年的春夏秋冬。它的树干挺拔粗壮，形象奇特，树干表面遍布纵向沟壑，并随着主干的升高扭曲上升，状如九条蟠龙盘旋腾飞。

据说像九龙柏这样干纹奇特的古柏，世界上只有此处一棵，真可谓"世界奇柏"。很多人可能会好奇，这棵树为何会长成这样独特的形状呢，据林学家考证，可能是因表皮细胞分裂不均造成的。

以上原因是从科学分析的角度得出的，其实关于九龙柏及其名称来历，还有一个有意思的传说故事呢！读了这个故事，相信您对九龙柏会有个更加深刻的了解。

相传在清朝时期，乾隆皇帝有一次来天坛祭祀，仪式结束后，他感到很累，便在皇穹宇围墙下稍事休息。就在这个时候，乾隆皇帝的耳边突然传来一种非常奇怪的声音。乾隆帝循声找去，发现在围墙下有九条蛇，一下子钻入了泥土中。乾隆皇帝赶紧命令随从挖开那里的泥土找蛇，但怎么都找不着。就在这个时候，乾隆皇帝发现围墙外突然冒出了一棵大树，只见这棵树表面布满沟纹，犹如九龙腾飞，他感到非常惊讶，联系刚才发现九条蛇的事，便将这棵树命名为九龙柏。

八大处的金鱼池

在北京市石景山区的众多游览胜地中，位于区北部的西山八大处是其中最有名的。八大处历史悠久、风景优美、文物众多，是一座佛教寺庙园林，因隋唐以来修建的八座古刹而得名。

在八大处的八座古刹中，第二处有一个灵光寺，在这座灵光寺内供奉着一颗佛祖释迦牟尼的灵牙舍利，灵光寺因此名扬中外。但这里谈的不是这颗名扬中外的佛祖释迦牟尼的灵牙舍利，而是一个看起来非常普通的小小金鱼池。

金鱼池位于灵光寺的南侧，池水清澈，里面放养着数以百计的名贵

金鱼，这些金鱼非常罕见，也非常大，其中最大的足有二尺余长，全身呈现金红色，在水中不停地摇动着尾巴，显得十分灵巧、可爱。

说起这些金鱼的历史，可谓十分久远了，据说从清朝的咸丰年间开始，这个池子里就有这种名贵的金鱼了，挑剔的慈禧太后也曾来这金鱼池赏鱼观景呢！

据说那是在秋天的某一天，当时的灵光寺非常美丽，处处金桂飘香。慈禧太后来这里游玩，看到漂亮的景致，心情也异常好。

走着走着，慈禧太后便走到了西院的峭壁下，只见清澈的泉水自上而下，犹如一

道水帘注入了下面的金鱼池内，惹得泉水叮叮咚咚地响，就像在弹奏一首美妙的曲子。

慈禧太后本就十分喜欢听人唱曲儿，不知不觉间听得出了神。这时她低头往下看，一下就看见了在金鱼池中游泳的名贵金鱼，只见这些金鱼各个色彩斑斓、灵巧可爱，像彩锦一般在水中嬉戏玩闹，再加上金鱼池边有一些怪石和睡莲映衬，整个场景显得如梦似幻、美丽无比。

慈禧太后一下子喜欢上了这里，便对身边的太监说："想不到八大处还有这么一个所在，今儿我哪里也不去了，就在这儿看这些个鱼儿玩。"说罢命太监拿来许多鱼饵。

慈禧对池中的金鱼先是轻轻击掌然后投下饵食，只见这些鱼儿争先恐后地来抢食，把慈禧太后逗得哈哈大笑，跟随的太监宫女见太后高兴，也不觉笑起来。

就这样玩了一会儿。慈禧喂着喂着，突然发现池中有一条二尺多长的金红鲤鱼，只见它在池子里上下跳跃、摇头摆尾，像是在欢迎自己前来观赏似的。这真是条有灵性的鱼儿啊！慈禧太后心里非常喜欢，便命太监取出笔墨，为灵光寺题词，并封那条二尺长的金鲤为神鱼。

今天，金鱼池已经成为八大处的著名景点之一。很多游客来八大处游玩时，都会特意来到灵光寺观赏这个金鱼池。

第四章

老北京城门牌楼故事

老北京的城门有哪些

北京作为京城，自金代建都，经元、明、清、民国直至现代，有近千年的历史。如今的基本格局形成于明代，清承明制，并没有多大的变动，只是城门的名称有所改动。整个北京城的城门主要由四个部分组成，即宫城城门、皇城城门、内城城门和外城城门等。

1. 宫城城门

宫城又称紫禁城，周长6里，城墙高7.9米，内外砖砌，外围护城河，四隅角楼，巍然高耸。清依旧制，在四周各开了一门，南为午门，北为神武门，东为东华门，西为西华门。

午门：午门是紫禁城的正门，位于紫禁城南北轴线。此门居中向阳，位当子午，所以被称为午门。午门始建于明朝永乐十八年（1420年），清朝顺治四年（1647年）重修，清朝嘉庆六年（1801年）再修。

神武门：神武门是紫禁城的北门，建于明永乐十八年（1420年），在明朝的时候被称为玄武门。所谓玄武，是古代四神兽之一，包括左青龙、右白虎、前朱雀、后玄武，玄武主北方，所以帝王宫殿的北宫门多取名"玄武"。清康熙年间重修时，因避康熙帝玄烨名讳改称神武门。

东华门：东华门是紫禁城东门，始建于明永乐十八年（1420年）。

西华门：西华门是紫禁城西门，始建于明永乐十八年（1420年）。清朝末期，八国联军攻打京城，慈禧太后、光绪皇帝一行即由西华门离宫，仓皇西逃。

2. 皇城城门

皇城是保护紫禁城（宫城）的外围城墙，始建于明永乐十五年（1417

年），包围紫禁城、西苑（三海）、镇山、祖庙、社稷坛。周长约18里，7座城门。南面开大明门（清改大清门、民国改中华门、1976年修建为毛主席纪念堂）、承天门（清改天安门）、长安左门（龙门）、长安右门（虎门）；北面开北安门（清改地安门）；东面开东安门；西面开西安门。目前主要为天安门、地安门、东安门、西安门。

天安门：天安门始建于明永乐十五年（1417年），最初名叫"承天门"，寓意"承天启运""受命于天"，是紫禁城的正门。当年的承天门非常普通，只是一座三层楼式的木牌楼。此楼于1451年毁于大火，1465年予以重建，明末时又毁于兵火，直到清顺治八年（1651年）重修，才大体成为今天的样式，并改名为"天安门"。

地安门：地安门是北京中轴线上的重要标志性建筑之一，是皇城的北门。和天安门南北互相对应，寓意天地平安，风调雨顺。

东安门：清朝北京皇城的东门，位于今南、北河沿大街东侧，与东华门大街交汇处。门内（西）为跨玉河之石拱桥，因官员们上朝陛见，皆由东安门进宫，所以俗称此桥为望恩桥或皇恩桥。

西安门：位于西城区中部，建于明永乐十五年，没有城台，民国时拆除两侧城墙。1950年毁于火，有楠木模型尚存。原城门周围有北京水准原点旧址、西什库教堂、礼王府等文物古迹。

3. 内城城门

明嘉靖以前，北京还没有"内城"的说法，嘉靖年间修建了外城，于是出现内城、外城之别。内城是明初在元大都城垣基础上改建和扩建的，城周长40里，开九座城门。分别是东边儿的东直门、朝阳门；西边儿的西直门和阜成门；北边儿的德胜门、安定门；南边儿的崇文门、正阳门（前门）和宣武门。

正阳门：正阳门位于北京内城南垣正中，为北京内城正门。元代、明初被称为"丽正门"，后于正统元年（1436年）改名为"正阳门"。城楼面阔七间，进深三间，一层周匝出廊，二层挑出钩栏平座，三滴水重檐歇山顶，布灰瓦绿色琉璃剪边。城楼与城台通高40.96米，气势恢宏。

崇文门：原是元大都的十一个城门之一，当时被称为文明门，是南城三个门最东的一个。明朝改建北京城，将十一门改为九门；文明门的位置虽然未动，但改名为崇文门。清朝沿用此名，直到今天。

宣武门：宣武门位于西城区南部。明、清时京师内城九门之一，后演化为地片名，泛指宣武门东、西大街，宣武门内、外大街附近。建于明代，初称顺承门，正统四年改称宣武。

阜成门：位于西城区中部。元代为大都城平则门所在地，明、清为京师内城九门之一。后来演化为地片名，泛指阜成门附近，即阜成门南、北大街，阜成门内外大街一带。

德胜门：始建于明正统二年（1437年），明清北京城内城九门之一，是由城楼、箭楼、闸楼和瓮城等组成的群体军事防御建筑。元为健德门，为出兵征战之门。

安定门：元称安贞门。此门为出兵征战得胜而归收兵之门，京都九门中有八门瓮城内建有关帝庙，唯安定门内建真武庙，在诸门中独具一格。

朝阳门：元称齐化门，是漕粮出入的城门，京城百姓的口粮基本均来源于此。现在的老人们仍有叫它齐化门的，有时也被讹称"奇货门"。

东直门：是位于北京城内城东垣北侧的一座城门，主要包括东直门城楼、东直门箭楼、东直门闸楼和瓮城。后演化为地名。

西直门：是北京内城的九大古城门之一，自元朝开始就是京畿的重要通行关口，还是明清两代自玉泉山向皇宫送水的水车必经之门，因此有"水门"之称。

4.外城城门

北京的外城也叫南城。据《明世宗实录》记载，北京城南"居民繁伙，无虑数十万户。又四方万国商旅货贿所集"。"庚戌之变"后，为加强北京城防，明朝嘉靖皇帝下令修建。嘉靖三十二年（1553年）十月辛丑，南城的修筑完成，皇帝亲自给新修的几座城门正式命名："上命正阳门外门名永定，崇文门外门名左安，宣武门外门名右安，大通桥门名广渠，彰义街门名广宁。"至清道光年间，为规避道光皇帝的御讳，广宁改"广安"并沿用至今。

永定门：是老北京外城七座城门中最大的一座，也是从南部出入京城的通衢要道，始建于明嘉靖时期，共跨越了明、清两代。于1957年被拆除，现存城楼为 2004 年重建。

广渠门：是北京外城城墙东侧的唯一一座城门，曾称大通桥门，又称沙窝门，是老北京城门中比较简朴的一个，建于明朝嘉靖三十二年。广渠门城楼现在已经不复存在。

广安门：为外城唯一向西开的门，与广渠门相对。明代称广宁门，又名彰义门，清朝道光年间为避清宣宗旻宁之讳改为现名。因是各省陆路进京的必经之路，所以广安门内的彰仪门大街（即今天的广安门内大街）在清朝时非常繁华，素有"一进彰仪门，银子碰倒人"的说法。

右安门：又名"南西门"，原是北京外城的七门之一，明朝嘉靖四十一年（1562 年）建成，现在已经不复存在。右安门位于西城、丰台两区交界处，现在的右安门立交桥位于南二环中部，是北京城南地区的一个重要交通枢纽。

左安门：是北京外城南侧三个城门之一，位于永定门东面，建于明嘉靖三十二年（1553 年），即北京外城建成的时间。清光绪以前，左安门一带非常繁华，店铺也较多，但慢慢萧条下来，到新中国成立前夕，已变成北京最冷落的城门之一。

东便门：东便门是北京外城东南端的一座小城门，位于北京城墙东南端角楼旁边，是北京保存下来的城门之一，主要由城楼和箭楼组成。

西便门：是北京外城西南角城门，位于北京城墙西南端角楼旁边，主要由城楼、箭楼、瓮城组成。后演化为地片名，泛指西便门外大街交会处及西便门东街与广安门北滨河路附近。

正阳门门匾的"门"字为什么没有钩儿

在天安门广场的南边，北对着毛主席纪念堂，有一座宏伟壮丽、古色古香的城门，它就是正阳门。正阳门，也被称为前门、前门楼子，是老北京城最高的建筑，楼高33米，通高42米，比天安门还要高8.7米。明、清两朝，每逢皇帝去天坛祭天，去先农坛演耕，正阳门都会启开正门，龙车从此经过。

作为京城九门之首的正阳门，关于它的传说非常多，但其中最让人感兴趣的莫过于其门匾的"门"字没有钩儿这回事了。其他城门门匾上的"门"字儿，最后一笔是一竖一钩儿，只有正阳门的"门"字儿不带钩儿，而是直直的一竖。这到底是为什么呢？

相传，这正阳门门匾上的"门"字之所以没有钩儿，与明朝弘治年间发生的一件大事有很大关系。

那是在明朝弘治六年（1493年）的夏季，当时旱灾蔓延，蝗虫成灾，折磨得老百姓苦不堪言。就连北京城的四周也都在闹蝗灾，闹得人心惶惶。孝宗皇帝看到这种情况，就想着出宫去查看一番。

不想孝宗皇帝一行人刚走出正阳门外，就看到前面飞来乌压压一大片蝗虫，大臣们赶紧护驾，连哄带劝地把孝宗皇帝往城门洞子里拉。就在拉拉扯扯中，孝宗皇帝被一群蝗虫"追"着，跑回了宫里。

别说体察民情的事儿了，就连皇宫的门都没有出去，孝宗感觉自己在大臣面前很没尊严，心里非常不高兴。但他没把责任归于自己的胆怯，反而怪罪起城门来。他对大臣们说："朕本来是一门心思要出城的，但就在要出城门时，突然觉得有东西钩住了朕的龙袍，使朕没有出得城去。"

大臣们听了，都没明白孝宗表达的是个什么意思，便都没敢搭腔。

孝宗皇帝接着说："朕想了半天，才想出个道道来。就是因为城楼门匾上正阳门这三个字中的'门'字有一钩，这一钩太不祥了。门嘛！就应该畅通无阻，怎么能有钩子搭衣绊脚呢？"

大臣们听了，这才明白了孝宗皇帝的意思，赶紧点头称是。

见大臣们理解了自己，孝宗皇帝便下道圣旨，命人重写正阳门的门匾，将门匾上的"门"字的钩儿抹掉。从此以后，正阳门门匾上的"门"字便没有钩儿了，并且一直流传至今。

故宫门槛为何被锯掉了

爱新觉罗·溥仪，是清朝的最后一代皇帝，关于他的传闻有很多，但"溥仪锯故宫门槛"的事儿却鲜为人知。

大家都知道，在我国，很多房屋尤其是老房子，都会在门口做个门槛，除了能够防止沙尘进房屋之外，最主要的原因是，在老辈人的心目中，房屋的门槛能够趋吉避凶。

故宫作为一座古老的建筑，在其设计、建造过程中，有许多精妙之处。然而，很奇怪的是，在去故宫游览时，你会发现内廷里很多宫门的门槛被锯掉了，而且那些被锯下的门槛有的被放置在大门后面的汉白玉石座上，有的还被包上一层铜皮。这是怎么回事呢？其实，这都是因为溥仪的缘故。

原来，清朝统治结束后，溥仪也随之被迫退位。但他虽然退了位，却并没有离开家，仍然住在故宫里。在这个"小天地"里，他犹如还在位的样子，每天都有遗老遗少、大臣、太监、宫女们对他问候请安，以"万岁"相称。

然而，溥仪生活的环境虽然比较传统，可是由于他曾经受过西方文化的影响，见识过很多新鲜的事物，所以骨子里并没有安分下来。一天，他的英文老师送给了他一辆自行车。溥仪对这辆自行车可谓一见钟情，没几天便能骑着它在内廷里转悠了。

有的时候，溥仪也会带上自己的皇后婉容一起玩。婉容也是一个非常灵巧的女人，很快也学会了骑车，可两人合着骑一辆自行车哪能尽兴啊，于是溥仪命人又买来几辆自行车，没想到自行车够骑了，新的问题又来了。那就是宫里的门实在是太多了，每过一道门槛都要下来，搬着车过去，这样实在太麻烦了，溥仪和婉容两个人都为此十分烦恼。

没几天，溥仪就下旨锯门槛。可是这道圣旨刚下去，宫里就闹翻了天。为啥呢？原来，清廷遗老们不愿意呀！他们说，锯门槛这事情太不吉利了，那样老祖宗留下的好就都被打破了。

可性格执拗的溥仪哪听得进清廷遗老们的话，他还坚持锯掉门槛。这事很快被隆裕皇太后知道了。隆裕皇太后也非常气愤，她马上叫来了溥仪，大声地呵斥说："你真是晕了头了，那门槛能是轻易锯掉的吗？这像什么话！"溥仪听了隆裕皇太后的话，没有说什么，但心里是一百个不乐意，只想着先等等再说。

说来也巧，这事过去没多久，隆裕皇太后就生病了。溥仪看隆裕皇太后病得不轻，想来也无暇管自己的事，便想来个"先斩后奏"，背着她把那些门槛锯了再说。于是，他传旨将门槛马上给锯掉。管事的太监接旨

后，知道这事躲不过去了，可又怕日后隆裕皇太后怪罪，便想着能拖就拖。便跪下向溥仪请示说："万岁爷，奴才不知从何处锯起哪……"

溥仪心想，自己在养心殿住，常在后三宫一带骑车玩耍，把这附近的门槛锯掉就够用了，再用别的地儿时，到时候再锯。便说："就从那御花园入口处顺贞门东侧的门槛锯起，往南经集福门，过琼苑西门、长康右门，然后是西一长街的近光右门和内右门，全锯了……"

听了溥仪的旨意，管事太监实在没辙，便遵照溥仪的旨意办了。他命人从御花园入口处的顺贞门东侧的门槛锯起，没几天，就把溥仪所说的那些门槛全给锯了。锯完后，他发愁了："那些个被锯掉的门槛都好好的，如果扔了就太可惜了，不如我好好安置安置。"于是他在大门后设置了一个汉白玉的石座，将锯下的门槛放在上面，有的还包上一层铜皮，以防被损坏。然而，不知道为啥，储秀宫东侧的门槛南端只锯了一半就停下来了，如今那锯口还在那儿呢！

将门槛锯掉后，溥仪和婉容骑车就方便多了，一路畅通无阻，心里别提多开心了。可是，纸包不住火，这事后来还是被隆裕皇太后给知道了。可木已成舟，隆裕皇太后再怎么做都无济于事了，她把溥仪找来大声呵斥了一番，这事也就过去了。

西便门真的进过老虎吗

西便门位于北京城墙西南端角楼旁边，是北京外城西南角城门，主要由城楼、箭楼、瓮城组成。西便门和东便门是北京修建较晚的两个城门，最初叫"偏门"。后来叫着叫着，就成了"便门"。

说起西便门的稀罕事儿，不得不提雍正年间西便门进老虎的事儿。

其实要说这事儿还真挺玄乎的，那是在雍正三年（1725年）的十月份，一只野虎闯进了北京城里年羹尧家。这件事后来还被收录在乾隆年间萧奭著的《永宪录》里，主要内容是：虎由西便门进正阳门西江米巷，入年羹尧旧宅，咬伤数人。九门提督率侍卫枪毙之。上降谕："朕将年羹尧解京，本欲仍加宽宥，今伊家忽然出虎，真乃天意当诛。将虎仍还伊家。"相传羹尧生时有白虎之兆。都城人烟稠密，环卫森严，竟无人见虎所由来？亦非偶然矣！

这里所提及的正阳门就是我们今天所说的前门，而西江米巷就是今天的西交民巷。说起年宅进老虎的前因后果，必须讲一下当时的北京历史。

当时是雍正三年的十月份，年羹尧已经被革除了大将军职位，待在杭州等待皇帝发落。一个月后，年羹尧被押送回了北京，议政大臣等罗列年羹尧九十二大罪，并请求对年处以极刑。最终，年羹尧被赐自尽。西便门进老虎的事儿便发生在这种历史背景下。

西便门进老虎的事儿发生后，很多人对这件事非常不解，说："既然'无人见虎所由来'，那又是怎么知道老虎是从西便门进、经正阳门到达西交民巷的呢？又怎么知道这只老虎是一只野虎呢？"

甚至还有人提出这样的疑问："这只老虎怎么不去别人家，偏偏跑进了罪臣年羹尧家？难道其中有什么隐情？"更让人觉着不可思议的是，既然是只野虎，为何还在打死后"将虎仍还伊家"？既然是野虎，又何来"归还"之说呢？

由此可见，乾隆年间萧奭著的《永宪录》里关于这件事儿有很多矛盾、失实之处。很多人竟大胆地猜测说，这只老虎本来就是年羹尧家里饲养的，当时由于年羹尧出了事，无暇顾及家中宠物，那老虎得空便出来伤人。这种说法其实有着很大的可能性。

首先，当时北京城皇家内苑饲养的动物里，肯定是有虎的。有例为证，康熙二十二年（1683年），康熙帝为庆祝海宇荡平，特举办庆贺活动，其中就请了一出戏，这场戏叫《目连救母》。在这场戏里，就使用了真马、真象和活老虎！试想一下，如果不是自家驯养的老虎，保证了百分之百的安全，怎么敢让其在皇宫里帝后面前出现呢？

而年羹尧在职期间，颇受雍正皇帝的恩宠，随着功劳的增多，渐渐变得盛气凌人、恃宠而骄，他为了显示自己的尊贵地位，饲养老虎也是有可能的。所以，传闻里所提及的那只闯进西便门的老虎真可能就是年羹尧家养的呢！

哪个门是北京城的"后门"

在古时候的许多宅院中，为了方便行走，会设置一个后门。

其实不仅私人宅院中有前后门之说，北京城也有一个后门，这个后门是指哪一个门呢？它就是地安门。地安门，在明朝的时候被称为北安门，老百姓们俗称它为厚载门，有时候也被称为后门。始建于明永乐十八年（1420年），在弘治十六年（1503年）和隆庆五年（1571年）重修，清顺治九年（1652年）重建，并改名为地安门。

在历史上，地安门差一点儿被烧毁，关于此事，有清史记载。《大清高宗皇帝实录》载：乾隆四十七年（1782年）四月十四日，谕"地安门外被火房屋，相距地安甚近，该步营兵丁尚能保护地安门外，甚属勇往。著施恩所有保护地安门人等，每人给银二两，以示鼓励。"这项记载表明，地安门在历史上曾险些被火焚，幸被救护而未殃及，也表明了乾隆帝非常重视对地安门的保护。

地安门位于皇城北垣正中，南对景山，北对鼓楼，为砖结构之宫门式建筑，面阔七间，中明间及两次间为通道，明间宽7米，两次间各宽5.4米，四梢间各宽4.8米，总面阔38米，通高11.8米，进深12.5米，正中设朱红大门三门，左右各两梢间为值房，是北京城的北门，也是北京中轴线上的重要标志性建筑之一，与它对应的门是南门，也即大名鼎鼎的天安门。如此南北互相对应，寓意天地平安、风调雨顺。

在历史上，地安门发挥的作用非常大，由于是皇城的北门，所以凡是皇帝北上出征巡视时大都要从此门出去，而且皇帝亲祭地坛诸神时也要经此门而出。而且早些年，地安门内还设置了很多为皇宫服务的衙门，如尚衣监、司设监、司礼监、酒醋局、织染局、针工局、巾帽局、火药局、司苑局、钟鼓司、供用库、蜡库、帘子库、兵器库、皮房、纸房、安乐堂，等等。

后来，为了疏导交通，分别在 1913 年和 1923 年将地安门东西两侧城墙予以拆除。并在 1954 年将整个地安门拆除，开辟为路面。后来，地安门逐渐演化为地片名，泛指地安门东、西大街，地安门内、外大街相交十字路口附近。

你知道老北京城门的"称道"吗

关于老北京的城门有"里九外七皇城四"之说，这些城门各有自己的称道，非常有意思。

1. 城北是"安定真武"和"德胜石碣"

安定真武是安定门的标志性景观。安定门瓮城内修建的是"真武庙"，内祀真武大帝。真武大帝又称玄天上帝，民间和道教尊奉的北方玄武神。

德胜石碣是德胜门的标志性景观。乾隆四十三年（1778 年），天下大旱，老百姓生活凄苦，乾隆皇帝去明陵祈福，待走到德胜门的时候，天降大雪，将旱灾消除，乾隆帝非常高兴，便作御诗立石碑一通，故有"德胜石碣"之称。

2. 城南有"宣武水平""正阳石马"和"崇文铁龟"

宣武水平是宣武门的标志性景观。据说在宣武门的瓮城内原有砖砌的"五火神台"。这个地方是个低洼地，多雨的季节城内的水多从这里经过流出城外。时间长了，看城门的士兵便以此砖台为记，以水淹砖台的位置判断城内积水的状况，然后再决定是否开城门往外流水，这个方法非常管用，因此就有了"宣武水平"的称号。

正阳石马是正阳门的标志性景观。在正阳门的箭楼与五牌楼之间的河道上有一匹石马，它长约 2 米，高 1 米多。据说，北京城的子午线（中轴线）之中的"午"，说的就是它。午，乃十二属相中属马之谓也。

崇文铁龟是崇文门的标志性景观。铁龟在崇文门外东北，造型古朴独特，据说护城河下有海眼，以龟相镇，以保平安。

3. 城东侧是"朝阳谷穗"和"东直铁塔"

朝阳谷穗是朝阳门的标志性景观。朝阳门为京城重要的运粮进京之门，故在"瓮城"门洞内的左侧墙上，镌刻有谷穗一束，象征此门为进京粮道。

东直铁塔是东直门的标志性景观。是指东直门外下关道南有座铁塔而得名，所供之神像传说是明代惠帝朱允炆。

4. 城西是"西直水纹"和"阜成梅花"

西直水纹是西直门的标志性景观。西直门外玉泉山专供皇家用水，又称水门，所以水吏在城门洞置汉白玉水纹一块，可惜 1969 年拆西直门，这块水纹再也找不着了。

阜成梅花是阜成门的标志性景观。阜成门洞里刻有梅花，北京冬季用煤多用骆驼运自西山，梅与煤同音，可谓用心良苦。

5. 外城有"彰义金人""西便群羊""右安花畦""永定石幢""左安架松""东便游船"和"沙窝皇木"

彰义金人是广安门的标志性景观，指在城门的门楼上面有一个石刻，

石刻是三个蒙古人的像，这个石刻据说是金代的遗物。

西便群羊是西便门的标志性景观，因西便门外护城河旁有数十块白石，远望如羊群吃草而得名。

右安花畦是右安门的标志性景观。右安花畦赞美的是右安门外的花乡，那里春夏之季百花盛开，万紫千红繁花似锦。

永定石幢是永定门的标志性景观，指的是永定门外有个燕墩，那里有乾隆皇帝御制石碑，刻有满汉文合写的御制皇都篇，赞美北京城的地理，左拥太行右挟大海，为咽喉要道，最适宜在这里建立首都。

左安架松是左安门的标志性景观，指在左安门外曾有几棵遒劲、盘曲的松树。这原是肃武亲王墓，墓的碑楼与东西朝房之间，有六棵松树，这些松树枝干盘曲，用架子支撑着，所以叫作"架松"。

东便游船是东便门的标志性景观。早前人们经常在通惠河上乘篷船消夏、游玩，每年端阳节前后，东便门通惠河上尤为热闹，笙歌夹岸，碧浪如鳞，画舫澜挠，衣香人影，城堞咫尺，乘舟而游，野趣盎然。因此"东便游船"成为东便门之游览胜景。

沙窝皇木是广渠门的标志性景观。沙窝门是广渠门又一称呼，皇木是广渠门外皇木厂，有一大根金丝楠木，后在附近建光华木材厂。

随着岁月的流逝、朝代的更迭，如今很多老北京城门已经消失不见了，依附于这些城门身上的美景也随之消失，然而，在人们的心目中，这些景却长青、常在，因为它们承载着关于老北京城的很多美好的记忆。

你了解老北京城墙的历史吗

环绕北京的城墙最早建立于元朝，于明朝最终定型，后来在清朝和民国时期继续使用，历经了七百余年的历史风云，见证了北京的发展和演变。

据有关史料记载，北京城墙的修建花费了众多的材料，仅用砖一项就达四千万块，更别说土、石、灰、木的数量了，简直多得难以统计。在明清时期，整个北京城的城墙共有四重，其中紫禁城的城墙位于最里面；由紫禁城城墙往外，是皇城城墙；接着往外数，便是内城城墙及外城城墙。

在元朝时期，城墙主要是土城墙，全部是版筑的夯土墙，周长为60

里，墙基宽为 24 米，墙高为 8 米。后来到了明朝时期，东、西城墙在元朝土城墙的基础上包了一层砖，结实了一些。1542 年，为了防范外敌的侵扰，皇帝决定修建外城，据史料记载，在嘉靖三十二年（1553 年），给事中朱伯辰上书说，城外人口激增，应添修外城；北京城郊尚遗存有金、元城故址"周可百二十公里"，如能"增卑补薄，培缺续断，可事半而功倍"。嘉靖帝接受了修建外城的建议，自此以后，北京城有了内外城的区分，也有了内城城墙和外城城墙的区分。

正月十五为什么要过城门"走桥""摸钉"

在老北京春节期间的元宵节，京城"平时大门不出、二门不迈"的妇女都被允许走出家门参加元宵节的活动，除了赏花灯以外，必做的就是"走桥"和"摸钉"。"走桥"和"摸钉"的习俗盛行于明、清两朝，到民国时期还有流传，但到如今已经非常少了。

什么是"走桥"？所谓"走桥"，又被称为"走百病"，是一种消灾祈福的活动，就是在正月十六日夜里，妇女结伴行游街市，凡有桥处，相扶而过，这样就能"消百病"。据说每年走一次可以青春常在，永不衰老、永不生病。

对于"走百病"这一习俗，明代诗歌、地方志和文人笔记中均有相关描述，如明万历年间沈榜的《宛署杂记·民风一》中就曾记载："正月十六夜，妇女群游祈免灾祸，前令一人持香辟人，名曰走百病。凡有桥之所、三五相率一过，取变厄之意。"明代吏部尚书周用对这一风俗也作了非常生动的描述："都城灯市由来盛，大家小家同节令；诸姨新妇及小姑，相约梳妆走百病；俗言此夜鬼穴空，百病尽归尘土中；不然今年且多病，臂枯眼暗兼头风；踏穿街头双绣履，胜饮医方二钟水。"

人们走百病是为了身体健康，但走百病并不一定全是妇女行为。如《正德江宁县志》云："萧鼓声闻，灯火谜望，士女以类夜行，谚云走百病。"只不过是男女分别结伴行动而已，但主角是妇女。这天，妇女们都要穿上白绫衫，然后成群结队地手挽手、肩并肩出游，走在最前面的那个人的手里还要拿着一支香，其他的妇女都跟在她的后面，一旦遇到有桥的地方，则必须相互挽扶着过桥。桥在佛教中有"渡化"的意思，所以，过桥也就意味着"度厄"。

"走桥"这一活动为什么在当时会这么流行呢？主要的原因是，在大家的心目中，元宵之夜不"走桥"则不得长寿，而"走桥"者则可保一年无腰腿疼痛之患。一年四季中，妇女们都忙于家务和田地劳动，时间长了就难免会胳膊疼腿疼，而这种腰腿疼痛并不是通过医疗就可以消除的，因此才会积

极地参加"走桥"这一活动。

在古时候，有民间俗曲曾这样唱道："元宵雪衬一灯红，走百病后摸门钉，但愿来年生贵子，不枉今番寒夜行。"妇女们"走百病"时如果来到了城门、庙门前，那些已婚但尚未怀孕的妇女还要悄悄地摸摸大门上的门钉，这一习俗被称为"摸钉"。在当时的人的想法中，"钉"与"丁"同音，预示着家丁兴旺，"摸钉"可以帮助实现生个男孩的愿望，对此，《水曹清暇录》有记载："正阳门上摸铜钉，云宜男也。"

在明、清两朝，北京城的城门有很多，其中妇女们最喜欢去正阳门"摸钉"，传说正阳门秉"正阳之气"，摸了正阳门的门钉，很容易生男孩。在封建社会中，妇女们都有"母凭子贵"的思想，因此生个男孩就成了她们最大的愿望。所以，许多妇女不怕路途遥远，纷纷前往正阳门城门摸钉。

"摸钉"的风俗，在元朝的时候就已经有了，及至明清两朝时，更加流行。明人沈榜在《宛署杂记》对此有记载："正月十六，或六月十六，妇女群游，祈免灾咎。暗中举手摸城门钉，摸中者，以为吉兆。"

如今，人们去北京城的古建筑景点旅游时，遇到高大的城门例如故宫的城门，也会热衷于"摸钉"，但并没有原有的"想生男孩"的期许了，更多的是为了祈福或觉着好玩儿。

前门楼子真有九丈九高吗

老北京城的城门有很多，其内城有九个城门，其中的正阳门是内城的正门，因它处于紫禁城的正前方，所以又被称为"前门"。正阳门是北京最高也是最重要的城门，所以民间的老百姓都亲切地称它为"大前门"。

尽管如今正阳门的城墙已经不复存在，但前门宏伟的气势却给北京这座现代化国际都市打上了深深的旧京烙印，成为它的重要象征之一。

关于前门，老北京人有很多说法，如"前门楼子九丈九，四门三桥五牌楼""前门楼子九丈九，九个胡同九棵柳""前门楼子九丈九，王口花炮响上头"……这些说法里面，提得最多的就是这一句"前门楼子九丈九"。这是什么意思呢，是说前门楼子有九丈九高吗？

其实不是。在中国，"九"是个非常崇高、非常吉祥的数字，象征着至尊至大。所以前门楼子并不是高九丈九，其"九丈九"的说法主要是为了表明前门的高大、气势恢宏。

那么，前门楼子究竟有多高呢？

关于前门城楼的具体高度，之前一直没有一个官方的准确答案，有的说高41米，有的说高42米，还有的说高40.36米……各种答案都有。为了得出最准确的答案，北京市古代建筑研究所在对前门进行修葺的前夕，专门对其进行了实际测量，最终得出的精确数据是：前门通高（也就是从室外地平线到门楼正脊上皮）为43.65米，其箭楼通高为35.37米！均高于九丈九。由此可知，前门是北京最高大的城门建筑。

其实，说前门楼子高九丈九，还有一个有意思的传说。

据说，当初修建前门楼子的时候，皇帝下旨说，正阳门作为北京城的正门，一定要好好地设计、修建，并专门提出了如下要求：高度必须是十丈，而且在下面还要有一个墩台，墩台的上面有两层城楼，所以整个楼子共有三层，这三层的高度要一致。

负责城楼设计工作的雷师傅收到皇帝的旨意后，着急万分，因为他认真计算过，如果按照皇帝的旨意盖成三层共十丈高，那么每层的高度必须是三丈三尺三寸……没法除尽，这是多么困难的一件事啊！

雷师傅为此苦苦思索了几天几夜，都没有想出一个办法来。一天，他正坐在工地边上，边看着工匠们干活便想办法，突然看到一个卖酒的老汉推着一辆小车走了过来，边走还边吆喝："酒！酒……酒！酒……"

雷师傅当时正想着事儿，猛地被老头打断了，心里非常生气。他心想，这个老头儿真没有眼力见儿，竟然跑到工地上来卖酒，那工匠们喝了酒还怎么干活儿呀！非得出事故不可！正想让人把他轰走，突然他灵机一动，想到酒与"九"谐音，九丈九正好被三除尽，每层三丈三，顶部再加个琉璃兽头，高度也够十丈了，这样就符合皇帝的要求了……雷师傅越想越开心，心想这老头儿真是自己的大恩人，赶紧派人去请，可是找了老半天，再没看到那老头儿的影子。

虽然没有找到老头儿的影子，但雷师傅心里十分高兴，他觉着这个老头儿一定是祖师爷鲁班的化身，专门为了点化他而来。很快，城楼的样式就画出来了。众工匠们听说了这事儿，也都非常开心，都说是祖师爷显灵了。心里一高兴，干起活儿就更有劲了，整个施工过程十分顺利。

经过一年多的辛苦施工，前门那高大、宏伟、靓丽的城楼就建成了。

在几百年的风吹雨打中，前门楼子虽然曾经遭遇过两次火灾，分别是清朝的乾隆四十五年（1780 年）和道光二十九年（1849 年），但都得到修缮。后在清光绪二十六年（1900 年），八国联军入侵北京城的时候，前门楼子又在战乱中被摧毁，只剩下光秃秃的城墙和城门洞。过了一年，流亡西北的慈禧太后和光绪皇帝"回銮"的时候，只能在城门上临时扎制了五间纸牌坊，用以装点门面。这座拥有五百年历史的老城门可谓历尽沧桑。

前门在几次修缮的经历中，经历的最大的一次修缮，是在 1915 年由北洋政府内务总长兼北京市政督办朱启钤主持的改建工程。这次改建工程对前门实施了全面的翻修，成就了今天世人眼中的"前门楼子"。

第五章

老北京
王府民居故事

中国现存最完整的清代王府——恭王府

在风景秀丽的北京什刹海的西南角，有一条静谧悠长、绿柳荫荫的街巷。在这条街巷之中，坐落着一座王府，它是中国目前保存最完整的王府，其前身为清代乾隆朝权臣和珅的宅第和嘉庆皇帝的弟弟永璘的府邸，是全国重点文物保护单位，代表着中国的王府文化，堪称"什刹海的明珠"。它就是恭王府。

恭王府，又被称为恭亲王府，位于前海西街，始建于清乾隆年间。恭王府的前半部分，是一片雄伟壮丽的府邸，其后半部分，是一片幽深秀丽的古典园林，总占地面积将近6万平方米。其府邸建筑布局规整、工艺精良、楼阁交错，仅次于皇家宫殿紫禁城，充分体现了皇室辉煌富贵的风范和民间清致素雅的风韵；府后的萃锦园则衔水环山，古树参天，富丽天然，实为中国园林建筑的典范。这样一个美丽、典雅、富丽堂皇的庭院，其中蕴含着怎样的历史风云呢？

据史料记载，恭王府的原址是一块风水宝地，在元明两朝时，曾建有一座寺院，该寺规模宏大、香火旺盛，就连皇帝也常来此礼佛上香。后该寺院逐渐没落，在明朝时期沦为朝廷的供应厂，在清朝时期，成为私人的院落。

乾隆四十一年（1776年），和珅开始在这东依前海，背靠后海的位置修建他的豪华宅第，时称"和第"。和珅是乾隆帝的宠臣，乾隆晚期的宰辅、大学士，又是历史上赫赫有名的贪官，在清史中十分惹人注目，有关他的传说也因此多不胜数。特别是他的儿子丰绅殷德，后来娶了乾隆帝的小女儿固伦和孝公主为妻，使这座豪宅一时成了实际上的公主府。

嘉庆四年（1799年），乾隆帝死后，嘉庆帝革了和珅的职，抄了他的家，并将他赐死。嘉庆从和珅家抄的财产约值白银两千万两，相当于清政府半年的财政收入，所以有"和珅跌倒，嘉庆吃饱"的说法。和珅被赐死后，嘉庆帝便将这座豪宅的西半部赐给他的弟弟庆郡王永璘。之所以只给他一半，是因为当时乾隆帝的十公主及其额驸丰绅殷德还住在那里。

就这样，和珅的这座豪华宅第被一分为二，西部为庆郡王府，东部为公主府，这种状况一直持续到道光三年（1823年）才结束，当时十公主去世，整座府邸便全部归到庆郡王名下，然而当时的庆郡王已经死去三年了。

提及庆郡王，很多人可能不熟悉，但如果说起他的孙子，也就是那位和李鸿章一起同八国联军签订《辛丑条约》的庆亲王奕劻，恐怕很少人说不知道了。奕劻和恭王府的第一任主人和珅一样，也是一名大贪官。从同治朝起，奕劻就颇受慈禧太后的恩宠，也因了这层关系，在慈禧太后将府邸改赐恭亲王奕䜣之前，他一直以辅国将军的身份在这里住着。

同治年间，由于恭亲王奕䜣协同慈禧发动政变有功，慈禧太后便将此宅赠予他，而成为恭亲王府，其名沿用至今。第三代主人恭亲王奕䜣，身兼议政王、军机领班大臣等要职，重权在握，显赫一时，在他占有这里期间，曾大筑邸园，同时也对府邸部分进行了修缮与改建。如今我们所看到的恭王府的建筑规模和格局，就是在那个时候最后形成的。

辛亥革命后，随着清王朝统治的结束，按照民国政府优待清室条例的规定，王府成了府主人的私产，开始逐渐走向没落。后因政局动荡，生计艰危，末世王孙们纷纷卖掉府第，以图生存。恭王府也不例外，它也和其他王府一样，没能逃脱可悲的蜕变与分割。在民国时期的初期，这座承载着繁华、富贵的豪华王府被恭亲王的孙子溥伟以40万块大洋卖给教会，后由辅仁大学用 108 根金条赎回，改建成女子学堂。中华人民共和国成立后，恭王府又历经沧桑，被几次更改用途，曾经被公安部宿舍、风机厂、音乐学院等多家单位使用过。由于得不到真正的重视，在使用过程中又没有得到合理性使用，再加上地震等地质灾害的破坏，到二十世纪七十年代中晚期，恭王府花园的部分游廊和府邸东路南部一进院落的正房及东西厢房先后倒塌，其他建筑也都遭到不同程度的毁坏，但庆幸的是，王府的总体格局没有被破坏，尚保存完整。

如今的恭王府，已经成为京城的一个重要的景点，每天都有很多的游客慕名而来，来感受这座昔日豪华的私人庭院所带给人的震撼。

回望恭王府的历史，可谓久远。对这座恭亲王府，我国历史地理学家侯仁之曾经这样评价说："一座恭王府，半部清朝史。"足见恭亲王府所承载的历史是多么厚重。

恭王府花园是 "大观园" 原型吗

在我国经典的四大名著之一《红楼梦》里，曾经对大观园进行了形象、着重的描写，大观园是小说里主人公常住的地方之一。后来，根据书中的描写，人们在北京的西南角建起了一座园林，取名为大观园。如今该园林已经成为京城一个著名的景点。

由于恭王府里有着《红楼梦》中所描绘的某些景物，因此有人据此推断说，恭王府花园正是大观园的原型。到底是不是呢？

针对这个论断，学界一直有着激烈的争论。我国著名的红学家周汝昌在其《恭王府是真正的大观园》一文中说："雍、乾之时，世人缄口不敢言，但寻访红楼遗址的文化活动并未停止，直到道、咸年间，安徽的诗人进京，还不忘到内城去觅求香冢的故址。他的记载，说那有故王公府一二处，左有激湍（响闸），右有清流（御河），后有佛寺——全北京只有今之恭工府所在地完完全全地符合那种地理地貌特点，一丝不差。"周汝昌认为，恭王府花园正是大观园的原型。为此他还特著《芳园筑向帝城西——恭王府与〈红楼梦〉》一书，其间进行了大量的考证。

支持恭王府花园是大观园这一论断的人认为：恭王府主要分为宅邸和花园两部分，宅邸又分为中、西、东三路，在西路主要的院落是"天香庭院"，而"天香庭院"正是曹雪芹笔下大观园中的"怡红院"，在该院内还有两层彩绘长楼，并有两棵清代的西府海棠，这两棵海棠是怡红院中"怡红快绿"的一蕉一棠；贾琏在偷偷地娶回尤二姐后，把她安顿在大观园后门不远处的一条花枝巷里面被叫作"9号"的地方，对此专门有人去做了调查，发现恭王府后边有一个死胡同，该死胡同就只有 9 个门，所以据此推断"9 号"即恭王府后边的死胡同……

至于恭王府花园是不是大观园的原型，也有人持相反的意见。这些反驳者认为，恭王府的历届主人都是在曹雪芹以后出生的人物。尤其是恭王府花园形成今天这样的规模，主要是在成为恭王府时规划兴建的。在第一任主人和珅居住时，只有府邸而没有后边的花园。

如今，恭王府花园到底是不是大观园的原型，还处于争议之中，成为一个谜。

至于曹雪芹在创作大观园的场景时，有没有什么借鉴物呢？很多人都持肯定的观点，只是所提出的借鉴物不同。有的认为借鉴的是乾隆年间江南文人袁枚家的"随园"，这个"随园"到底是什么样子，不得而知；有的认为借鉴的是曹家在南方江宁织造府的花园"楝亭"，关于"楝亭"，其状貌也不得而知，但是，曹雪芹只是少年时期在江宁住过，后来在曹雪芹 13 岁的时候，他随全家进了京。而《红楼梦》则是在他的晚年创作的，有人据此否认"楝亭"是原型这个观点。

其实，最主流的观点应该是大观园是曹雪芹的原创。如果真要说他在创作的过程中借鉴了什么景物的话，那就是参考了我国造园艺术的几千年精华。因为明清时代，我国的造园艺术已经非常高超了。明代时，京郊就出现了一些名园如清华园、勺园等；清乾隆时期，我国古典园林的造园艺术已达到顶峰时期，皇家有畅春园、圆明园等，王公大臣的名园有礼王府花园、索家花园等，南方的苏杭、南京等地更是名园遍布，如拙政园、寄畅园等。曹雪芹正是在创作的过程中，将皇家和私家园林的优势、将北方和南方的特点结合到一起来创作的。所以说，大观园乃是他的独创。

有"北京王府花园之最"之说的王府是哪一座

在北京众王府的花园中，属郑王府的"惠园"规模最大，属京师所有王府花园中最大最壮观的，园中"引池叠石，饶有幽致"，园后为雏凤楼，楼前有水池，其后为几丈高的瀑布，几百米外就可听到瀑布声音，非常壮观，因此，郑王府素有"北京王府花园之最"之说。

据说，郑王府在明朝时期曾经是姚广孝的府宅，在大清开创后，则成为开国元勋济尔哈朗的府邸。济尔哈朗是清太祖努尔哈赤三弟舒尔哈齐的儿子，于顺治九年（1652年）被加封为郑亲王，是清初著名的"八大铁帽子王"之一。

郑王府的历史非常久远，在清朝入关之初就已经建造完成。在清朝，王公大臣的宅第营建，均有定制，如基址过高或多盖房屋皆属违法，所有这些王府的"定制"极为详尽。主轴线上的建筑有几重，主要建筑如正门、殿、堂、寝和楼的规模，建筑物上的装饰，如梁栋彩绘、门钉数目、压脊兽种的数目以及正殿内是否设座和屏风都按不同的等级明确区分。《大清会典事例》曾记载郑王府一例逾制："顺治四年，郑亲王营造王府，殿基逾制，又擅用铜狮、龟、鹤，罚银两千两。"现实中，多数王府往往在许多地方达不到规定标准，就拿逾制的郑王府来说，其大殿、东西配楼、后殿、后罩楼都不足规定标准，只相当于低一级的郡王府标准。而郑亲王济尔哈朗就因建府殿基逾制，又擅用铜狮、龟、鹤，于顺治四年（1647年）遭弹劾后而罢官罚款。

郑王府建造完成后，此后历代袭王对王府均有修缮或扩建，最大的一

次是第八代袭王德沛对花园的扩建，并将花园命名为"惠园"。对此，《啸亭杂录》卷六有记载："邸库中存贮银数万两。王见，诧谓其长史（名义上管理王府的最大的官）曰：'此祸根也，不可不急消耗之，无贻祸后人也。'因散给其邸中人若干两，余者建造别墅，亭榭轩然。故近日诸王邸中以郑王园亭为最优。"惠园规模巨大、好景众多，成为京城王府中最大最壮观的花园。

发展到后来，郑王府经历了一次易主的过程，后又失而复得于其后嗣。事情是这样的：咸丰十一年（1861 年），第十三代郑亲王端华、怡亲王载垣及肃顺等被咸丰皇帝临终前任命为"顾命八大臣"。后在"辛酉政变"发生后被赐自尽没收家产，王府曾一度成为钟郡王奕诒的府邸。同治三年（1864 年），恢复了郑亲王爵位，但没有发还府邸。直至同治七年（1868 年）钟郡王奕诒去世后，王府才被发还，复为郑亲王府。

民国后，郑亲王后人先是将王府抵押给西什库教堂，后又租给中国大学为校址，后中国大学使用时改名为"逸仙堂"，如今还在使用着。在新中国成立后，原有的后罩楼和一些附属建筑被拆除了，改建为教育部的办公大楼，西部的花园另建二龙路中学，现为实验中学（北京师范大学附属实验中学）初中部。

如今的郑王府位于西单大木仓胡同35号，是教育部办公所在地，其正门虽然朱漆剥落，但仍存有深宅大院的气派，但除了正门与后院"逸仙堂"，王府里的建筑已经所剩无几了。如今的办公楼所在地便是有"京城王府花园之最"的郑王府后花园，可是当年的所有美景，包括园中园、厢房、假山已经全部消失了，空留一个美名，表明郑王府花园曾经无比美丽、无比风光过。

京城规模最大的王府——礼王府

在老北京城里，权威显赫的人，除了皇帝就是王爷，最好的建筑，除了皇帝住的紫禁城就属王爷们的府邸了。在偌大的北京城里，王府有很多，最有气势、规制最高的当属享有世袭特权的八个"铁帽子王"的王府。

而在这八个铁帽子王中，为首的当属礼亲王代善，其王府礼王府（也叫礼亲王府）的豪华和气势在铁帽子王府中数一数二。

礼王府的始王是代善，清太祖努尔哈赤次子。代善于清崇德元年（1636年）封和硕礼亲王，为清开国元勋，不仅跟随清太祖征战多有战功，在支持其弟太宗皇太极、侄世祖福临即位及安定政局等大事上发挥了重大的作用。

礼亲王府的位置多有变化，最早的位置在西四南大街缸瓦市。代善死后，他的第七子满达海袭为巽亲王，《啸亭杂录》记载此时的巽亲王府仍在缸瓦市，次年，满达海卒，其长子常阿岱袭爵。清顺治十六年（1659年），追论满达海罪，常阿岱降为贝勒。代善所遗亲王爵由祜塞第三子康郡王杰书继袭，仍沿用原封号康亲王，康亲王杰书新建康亲王府。其后，在康熙年间进行了大规模的扩建，扩建之初，康熙帝下旨命天下资助，甚至府中陈设也为官员献纳，所以该王府非常豪华，规格高于其他王府。乾隆四十三年（1778年），恢复礼亲王的封号，康亲王府也随之改为礼亲王府。嘉庆十二年（1807年），礼亲王府毁于大火，由当时的礼亲王集资于原址重建，也就是我们今天所看到的府邸样貌。

整个礼亲王府呈长方形，规模雄伟，占地宽广，重门叠户，院落深邃。在清代所建的诸多王府中，礼亲王府是京城规模最大的王府，民间素有"礼王府的房，豫王府的墙"的说法，说的就是礼亲王府规模大、房子多。据《乾隆京城全图》记载，礼亲王府共分为中、东、西三路，整个王府共有房屋、廊庑等四百八十余间。其中东路有十二进院落，是王爷及其家人的卧房。西路有十一进院落，其间有花园、阁楼，设计精美。中路是主体建筑，有五重房屋，七进院落，既有府门、宫门、银安殿等，又有两侧翼楼、后殿、两侧配殿，还有启门、神殿前出轩、两侧配殿、遗念殿（后罩楼）、两侧转角配房、后罩房等。

后来，随着清朝统治的结束，礼王府也随之走向没落。1927年，礼亲王的后人为了维持生计，将王府前半部租给了华北文法学院作为校舍，家人仅住王府的后半部。1943年，经一位日本人介绍，礼亲王府被出售。新中国成立后，被改为民政部办公场所，现为国务院事务管理局使用。现在礼亲王府的中路建筑大多保存完好，东路北部有几个院落尚存，西路大部分建筑已拆除，但仍属于保存较好的王府，1984年公布其为北京市文物保护单位。

老北京民居的典型代表——四合院

北京作为闻名世界的历史文化名城，因汇集了众多深厚的传统文化精华而闪烁着绚丽的光彩。其中，北京传统民居文化极其丰富，最有名的莫过于闻名中外的四合院建筑。

四合院，是华北地区民用住宅中的一种组合建筑形式，是一种四四方方或者是长方形的院落。它是老北京城市建筑的基本元素，《日下旧闻考》中引元人诗云："云开阊阖三千丈，雾暗楼台百万家。"这"百万家"的住宅，便是如今所说的北京四合院。

为什么叫"四合院"呢？因为这种民居有正房（北房）、倒座（南房）、东厢房和西厢房四座房屋在四面围合，形成一个口字形，里面是一个中心庭院，所以这种院落式民居被称为四合院。

北京四合院的历史非常悠久，可以追溯到元代。元代定都北京，大规模的建城计划便实施了，四合院便随着各种宫殿、衙署、街区、坊巷和胡同的兴建而出现了。据元末熊梦祥所著的《析津志》记载："大街制，自南以至于北谓之经，自东至西谓之纬。大街二十四步阔，三百八十四火巷，二十九街通。"这里所谓"街通"也就是我们今天所说的胡同，胡同和胡同之间就是供臣民建造住宅的地皮。那个时候，元世祖忽必烈"诏旧城居民之过京城老，以赀高（有钱人）及居职（在朝廷供职）者为先，乃定制以地八亩为一分"，分地给迁至北京来的官吏们建立宅第，北京传统四合院住宅由此开始大规模地在北京兴建。

后来发展到明清时代，北京四合院虽然经历了各种起起落落，但其

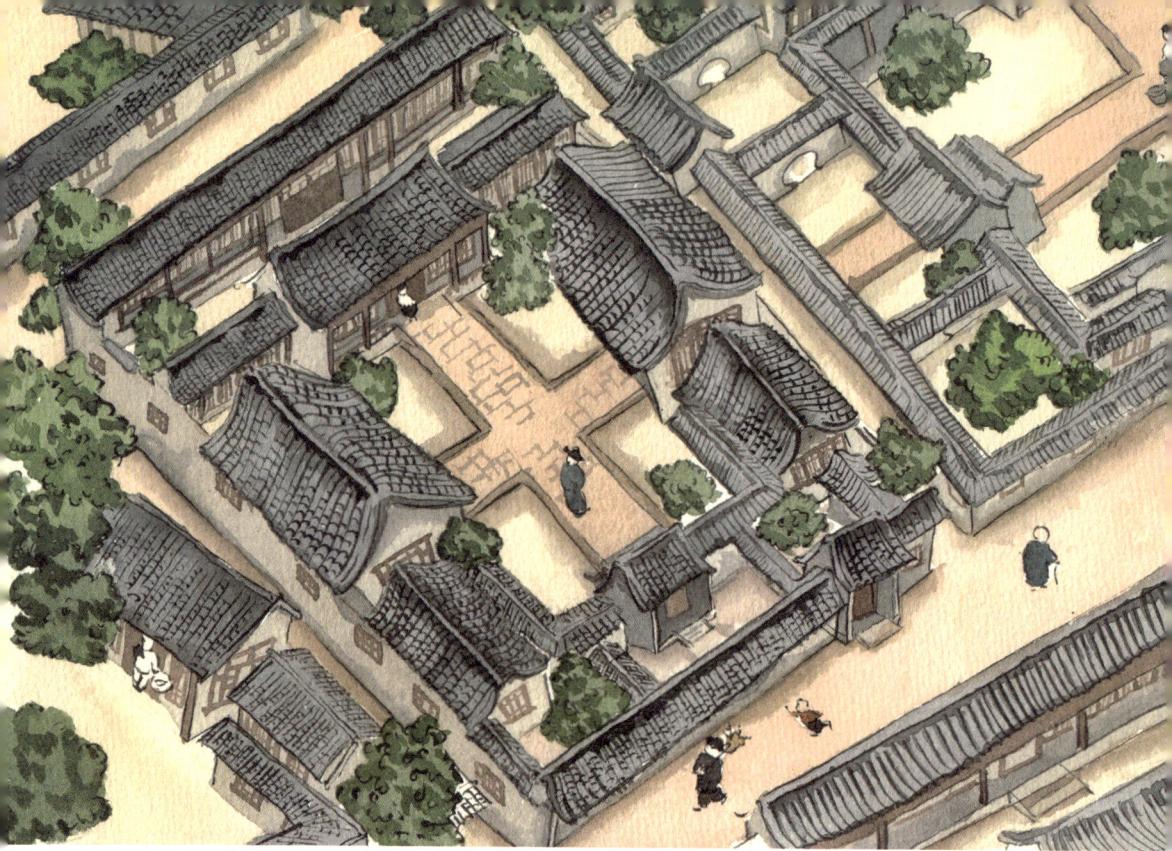

基本的结构模式已经形成，并且在后来的发展过程中得到不断的完善和更新，最终形成了我们今天所见的四合院模式。

北京有众多的四合院，但规模不一，有大有小，但无论规模大小，都是由一个个四面房屋围合的庭院组成的。最简单的四合院只有一个院子，比较复杂的有两三个院子，富贵人家居住的深宅大院通常是由好几座四合院并列组成的，只是在中间用一道墙隔开。

总的来说，四合院可分为大四合、中四合、小四合三种，其中，小四合与中四合一般是普通老百姓的住宅，而大四合则是府邸、官衙用房。

针对大四合院，京城的老百姓喜欢称呼它们为"大宅门"。这种大宅门的房屋设置有多种形式，有的是五南五北，有的是七南七北，有的有九间或者十一间大正房，通常为复式结构，即由多个四合院横向纵深相连而成。大四合院的院落非常多，有前院、后院、东院、西院、正院、偏院、跨院、书房院、围房院、马号、一进、二进、三进等，面积非常大。而中四合，从房屋设置上来说，通常是北房五间，三正两耳，东、西厢房各三间。其院落主要有前院（外院）、后院（内院），院墙以月亮门相通。小四合院的院落相对少，占地面积不大，通常为北房三间，一明两暗或者两明一暗，东西厢房各两间，南房三间。

四合院与其他民居一个最重要的区别在于它的结构。四合院的结构非常独特，首先在于它的院子非常宽敞，在院中可以种花养草、饲鸟养鱼，四面房屋各自独立，又有游廊连接彼此，起居十分方便；其次，它的每间房子都很具有私密性，这种封闭式的住宅使四合院具有很强的个人空间感，住户将自家的门关起来就自成一片天地了；最为重要的是，四合院住房分间分房、布局非常合理，通常是老人住北房（上房），中间为大客厅（中堂间），长子住东厢，次子住西厢，佣人住倒房，小姐、女儿住后院，各人之间相互不影响，氛围其乐融融。

正是因为四合院既美观又实用，所以，老北京人往往将四合院作为北方民居的最典型代表形式。

"大门不出，二门不迈"的 "二门"指的是四合院的哪道门

在电视剧中或者小说里，我们通常会听到或见到这么一句话，即"大门不出、二门不迈"，形容一个人不怎么出家门，尤其适用于封建社会未出嫁的千金小姐。《我的一家》中就有这么一句台词："我一个妇道人家，大门不出，二门不迈，哪来的熟人。"

很多人会有这样的疑问，这里的"二门"指的是四合院的哪道门呢？

其实，"二门"指的是垂花门。提起垂花门，住过四合院的人都非常熟悉。它虽然是四合院里的一道门，但不是一道普普通通的门，而是一道很有讲究的门。通常位于院落的中轴线上，它的两侧连接着抄手游廊，把院落分为内外两部分。以内的部分是正房、厢房、耳房以及后灶房等所在，属于内宅，主要供家人生活起居所用，一般不允许外人进入；以外的部分是倒座房、厅房及其所属院落所在，属于外宅，主要用来接待外来宾客，相当于如今我们所称的"客厅"。传统四合院用色讲究谐调、淡雅，整个院落建筑多为材料本色，唯有这个垂花门装饰得五彩缤纷，在门旁两侧的垂花柱，更是形态各异。除非红白喜事、贵客光临以及逢年过节，垂花门一般是不打开的。

之所以被称为垂花门，是因为其外侧的檐柱并不落地，而是倒垂于半空，叫作"占天不占地"，柱子下端是一对垂珠，雕饰出莲瓣、串珠、花萼云或石榴头等形状，酷似一对含苞待放的花蕾，所以被称为垂花门。在四合院中众多的门之中，垂花门是其中装饰得最为美丽的门，是四合院的门脸，代表着整个四合院的品位。垂花门作为内宅的宅门，是四合院主人社会地位和经济地位的重要标志之一，在品第森严的封建社会，有钱有势之家，都很注重对垂花门的修建和装潢，所以垂花门一般都极为考究、华丽。说起垂花门的考究和美丽，那简直可以说是中国建筑精华的集锦，几乎包含了构成中国建筑的各种要素、构件、装修手法等，屋顶、屋身、台基、梁、枋、柱、檩、椽、望板、封掺板、雀替、华板、门簪、联楹、版门、屏门、抱鼓石、门枕石、磨砖对缝的砖墙等一应俱全。不仅如此，各种装饰手段如砖雕、木雕、石雕、油漆彩画等都被采用，显得十分雍容华贵。

其实，垂花门除了作为四合院的门脸这一装饰功能外，还有其实用性。

它是四合院的屏障。屏障功能是垂花门的主要功能。四合院主人为了保证内宅的隐秘性，通常都会在垂花门内一侧的两根柱间再安装一道门即"屏门"。关于这座屏门，只有在举办重大家族仪式如婚、丧、嫁、娶时才会开放，其他时候都是关闭的。日常生活中，人们出入垂花门时，不走屏门，而是走屏门两侧的侧门或通过垂花门两侧的抄手游廊到达内宅。该屏障功能，起到了沟通内外宅、严格划分空间的作用。

除了具备屏障功能外，垂花门还具备防卫功能，因为在它向外一侧的两根柱间还安装着一道被叫作"棋盘门"的门，这道门比较厚重，与街门很相似，通常在白天的时候开启，在晚上的时候关闭，有效地保证了四合院的安全。

为什么会有两座睿亲王府

提起睿亲王府，很多人可能不知道，但提起清摄政王多尔衮，大家都再熟悉不过了，这睿亲王府便是多尔衮的府邸。

大多数王府都只有一处，只有极个别的王府有两处，或者三处，睿亲王府便属于这"极个别"的之一，它有两处，一处在东华门大街以南普渡寺一带，另一处位于外交部街。为什么会有两处呢？原来前者是多尔衮进京后的府邸即睿亲王府旧府，后者则是乾隆年间恢复睿亲王爵位后其后嗣子孙的府邸。

1. 睿亲王府旧府

据第九代礼亲王昭梿在《啸亭杂录》中有"睿亲王府在南明宫，今为缎匹库"的记载，我们可以得知睿亲王府旧府地址为东华门外至南池子以东地区，其历史要追溯到明朝时期。明朝时期，睿亲王府原是皇城东苑，是太子居住的地方。清朝入关后，多尔衮将皇城东苑重新利用，修建成了自己的府邸。多尔衮将王府修建得非常豪华，甚至比皇宫还要胜出一筹。但多尔衮死后被削去了爵位，睿亲王府于是衰败下来。

乾隆皇帝登基后，又恢复了多尔衮的睿亲王封号，并将睿亲王府改建成了一座寺庙，名为普渡寺，直到20世纪60年代初，还有僧人住在这里。在民国时期，普渡寺逐渐沦为民居大杂院。后来遭到破坏，文物丢失，建筑被毁，大殿被改作仓库。1984年，它被列为北京市重点文物保护单位，当时其大殿被东城区南池子小学占用，直到2001年在北京市政府相关部门的整顿下才基本恢复了原貌。需注意的是，如今普渡寺周围的前巷、东巷、西巷等胡同的铭牌都写的是"普渡寺"。然而在《宸垣识略》等多部记述北京历史地理的资料中，"渡"字是没有三点水旁的，均写作"普度寺"。

2. 睿亲王府新府

关于睿亲王府新府的地址，昭梿在《啸亭杂录》中有"新府在石大人胡同"的记载。而这个"石大人胡同"，其实就是今天的外交部街。多尔衮死后，乾隆皇帝恢复了睿亲王爵位，由于原来的睿亲王府已经被改建为普渡寺，所以位于石大人胡同的多尔衮后代的宅邸便成为新的睿亲王府。睿亲王新府规模十分宏大，曾有房五百多间。但在清朝统治即将结束的时候，该王府就已经败落不堪了。民国时期，末代睿王为了维持生计，将王府变卖。后王府被改建为北平著名中学京师私立大同中学。如今，该王府为北京市第二十四中学，清代王府的旧貌已经全然不存了。

第六章

老北京
胡同会馆故事

你知道北京"胡同"名称由来吗

北京的建筑有三大特色，一个是四合院，一个是王府，另一个就是胡同了。走进现代化的北京城，人们感兴趣的往往是那曲折幽深的小胡同。来北京旅游的游客，都会到各处的小胡同里溜达溜达，胡同俨然已经成为北京建筑的名片。

什么是胡同呢？据《北京胡同志》介绍，胡同是城市中一种狭长的通道，是由两排院落墙体、宅门或倒座房、后罩房的屋墙连成的两线建筑物构成的。在两排宅第之间，胡同形成了一条隔离空间带，便于宅院的通风、采光和居民的自由出入。

"胡同"这个名词是怎么来的呢？历来有多种说法。

一说认为"胡同"一词最早出现于金、元时期。女真人和蒙古人都属于蒙古语系，在蒙古语中，城镇被叫作"浩特"，村落被叫作"霍多"或者"霍敦"，转音作"胡同"。当女真人和蒙古人入主中原后，便把这种叫法带到中原来，所以从此以后中原一带的街巷都被称作"胡同"。

一说认为，"胡同"一词源于蒙古语，也就是"水井"或者"有水井的地方"的意思。在今天蒙古族居住的地方，用"井"做地名的现象仍然非常普遍。

而最早见诸文字的"胡同"，出现于元曲杂剧中，例如《张生煮海》中，梅香姑娘有"我家住在砖塔儿胡同"的台词。另外，在取材于三国故事的关汉卿杂剧剧本《单刀会》中，也有"杀出一条血胡衕（胡同）来"的台词。这些都说明，"胡同"在元朝的时候就已经出现了。

北京胡同中的"最"

老北京的胡同虽然不计其数，数也数不清，但并非全部一样，而是各有千秋、各有特点。在众多胡同中，有几个胡同是不得不提的，因为它们实在太与众不同了，被誉为北京胡同之"最"。

1. 最长的胡同——东交民巷

说起那最长的胡同，则非东交民巷莫属了，它西起天安门广场东路，东至崇文门内大街，全长近 3 公里，是老北京最长的一条胡同，在明清的地图上被称为"东西江米巷"。巷内街道两边西洋建筑风格各异、错落有致，是北京唯一一处洋房林立的特色街巷。东交民巷地理位置优越，是北京市内众多人文历史古迹和商业旺铺的黄金连线。再稍短的是前门东、西打磨厂街和东、西绒线胡同了。

2. 最古老的胡同——三庙街

在老北京众多的胡同中，最古老的胡同当属三庙街胡同了，其历史可以追溯到 900 多年前的辽代，比金代的广安门大街还要早呢，当时被称为

"檀州街"。北京城经过了几百年的变迁，可三庙街胡同始终保持着900年前的姿态，静静地候在北京城的一角，看着北京城一点点地演变、发展。

三庙街胡同呈东西走向，长约300米，宽约四至六米。据考证，该胡同早在唐朝时期就已经成型；在辽、金时期最为繁华；明朝时期，因此处有紫金寺，所以又被称为"紫金街"；清朝的乾隆年间，被改名为今天的"三庙街"这个名字；新中国成立后，一度被改名为"立新街"，后又恢复"三庙街"的名号，并沿用到今天。

在老北京，像三庙街胡同这样元朝以前的街巷胡同还有很多，如现今广安门内大街上的北线阁街、南线阁街和宣外的下斜街东边的老墙根街等。

3. 最宽的胡同——灵境胡同

灵境胡同位于北京市西单地区，呈东西走向，最宽处达32.18米，被称为北京最宽的胡同。

4. 最窄的胡同——钱市胡同

关于最窄的胡同，近几年来不断有新发现，较早时期说崇文门东珠市口北的高筱胡同南口最窄，仅65厘米。后来又有人说小喇叭胡同北口向西拐弯处仅58厘米。最新的发现显示，最窄的胡同是大栅栏钱市胡同。

钱市胡同位于珠宝市街的西侧，临近著名的大栅栏商业区，胡同全长55米，平均宽仅0.7米，最窄处竟然仅有0.4米，两个人通过此胡同需要面对面侧身通过。

5. 拐弯最多的胡同——九弯胡同

九弯胡同，顾名思义，以拐弯多著称。九弯胡同位于西城区东部，东口与铺陈市胡同相连，西口从校尉营胡同通出，全长约390米。在这从东到西的三四百米的长度里，直弯、急弯、斜弯、缓弯比比皆是，可谓弯连弯、弯套弯。

九弯胡同的名称来自胡同有 9 个 90 度的拐弯，其实按地砖线划分，从东到西数，有 9 个直弯，4 个斜弯、缓弯，其他细小的微弯忽略不计，共 13 个弯，堪称北京城弯道最多的胡同。

6. 最短的胡同——一尺大街

北京最短的胡同在琉璃厂东街东口的东南，被称为一尺大街。一条胡同、一尺大街、十来米长、只有 6 家门脸、店铺，是北京胡同的缩影。该胡同虽是北京最短的胡同，却并非只有一尺长，而是长 25.23 米。

一尺大街的历史还算悠久，据清末进士陈宗蕃 1931 年所著的《燕都丛考》记载："自杨梅竹斜街而西曰一尺大街，又西曰琉璃厂。"如今"一尺大街"的名称已经撤销，被并入了杨梅竹斜街。在杨梅竹斜街西段，桐梓胡同北口至樱桃胡同北口之间的那段路，就是曾经的"一尺大街"所在。

你了解北京东四的十四"条"吗

在北京，有很多胡同被称为什么什么"条"，如东四三条、东四十二条等。很多人可能有疑惑，这些地名为什么被称为什么"条"呢？"条"是什么意思呢？

其实，这里的"条"指的就是小胡同。"胡同"一词由蒙古语转化而来，"条"是北京本土的发明创造，在几百年的时间里，与街、巷、胡同共存延续至今。据《北京市城区街巷地名全图》记载，北京共有 422 个以"条"称呼的街、巷和胡同。可见"条"名称在北京城的流行。

令人奇怪的是，老北京为何以什么"条"为胡同名称呢？这还要追溯到明朝时期。明朝，北京城的面积和规模比元朝时期的大了很多，街道、胡同的数量也随之显著增加。为了更好地区分这些地名，遂采取街道名称的"序列化"。在最初，我们称这些胡同为"某某胡同头条""某某胡同第二条""某某胡同第三条"……或"某某街头条""某某街第二条""某某街第三条"……可是叫着叫着，人们就发现这样叫很拗口，于是渐渐地便简称为"某某头条""某某二条""某某三条"……北京东四的十四"条"的名称就是这么来的：东四头条（一条被称为头条）、东四二条、东四三条、东四四条、东四五条、东四六条、东四七条、东四八条、东四九条、东四十条、东四十一条、东四十二条、东四十三条、东四十四条。

东四地区的胡同住过很多的名人、有着很多的故事传说、保留着很多的古迹，是老北京精彩生活的写照。

提起东四头条，很多人都不陌生。在众多"条"中，东四头条的文化气息最浓厚，在这里曾经居住过多名文人雅士，如在胡同的 1 号院，曾经住过钱锺书杨绛夫妇、卞之琳、余冠英、罗念生等人；在胡同的 5 号院，我国著名的文学家茅盾和著名的相声大师侯宝林曾经先后在此居住。

东四二条。东四二条位于外交部的西侧，呈东西走向，北起东四三条，西止东四北大街，南邻东四头条。据说金庸笔下的福康安曾经在这条胡同住过。在金庸的小说里，福康安是个风流倜傥的贵族公子，在民间传说中，他是清乾隆帝的私生子，几百年来围绕着他的故事非常多。据老一辈人讲，东四二条胡同几乎一半的院落都曾经是福康安的宅院。

东四三条。东四三条东起朝阳门北小街，西止东四北大街，中部往南可通东四二条，往北可通东四四条，呈东西走向。东四三条曾经汇聚了很多达官贵人，据说还有一位格格住在这里。这位格格是溥杰的候选夫人，但最终未能嫁给溥杰。后来，格格的母亲又想让她嫁给溥仪，但最终也没成，最后这个格格终生未嫁。

东四四条。东四四条呈东西走向，东起朝阳门北小街，西止东四北大街，中部往南可通东四三条，往北可通东四五条。

东四五条。东四五条呈东西走向，东起朝阳门北小街，西止东四北大街，南有二支巷可通东四四条。该胡同虽然没有什么文人雅士或者达官贵人居住过，但艺术氛围非常浓厚。

东四六条。东起朝阳门北小街，西至东四北大街，南与月牙胡同、流水巷、育芳胡同相通，北与月光胡同、南板桥胡同、德华里、石桥胡同相通。该胡同的 63 号和 65 号就是号称"东城之冠"的崇礼宅。这座宅院也是这一带唯一的作为全国重点文物保护单位的私人住宅。

东四七条。东四七条位于区域中部，东四北大街东侧，属东四街道办事处管辖，呈东西走向，中间曲折。东起朝阳门北小街，西止东四北大街，南与德华里、月光胡同相通，北邻东四八条，中与南板桥胡同、石桥胡同相交。据说辅国公载灿就是在东四七条找到了他的"乘龙快婿"。

东四八条。位于东城区东部，东起朝阳门北小街，西至东四北大街，南与石桥胡同、南板桥胡同相通，北有支巷通东四九条。胡同内 71 号院，原是清代为宫中掌管帘子的王姓官吏所盖的一座房子，新中国成立后为教育家叶圣陶曾居住于此。

东四九条。位于东四北大街东侧，呈东西走向。东起朝阳门北小街，西止东四北大街，南与南板桥胡同相通，并有支巷通东四八条，北有支巷通东四十条。在讲述和珅故事的电视剧里，有一个与和珅勾结、狼狈为奸的大贪官李侍尧，这个李侍尧就住在东四九条。

东四十条非常普通，几乎没有什么逸闻趣事传出。

东四十一条为历史上的运粮道，所以，该胡同有一个很明显的特点，即没有树。那个时候，谁要是在这个地方种树，是要被砍头的。

东四十二条，远离闹市，是一条"平民胡同"。

东四十三条位于东城区东北部，东起东直门南小街，西至东四北大街。在明朝的时候被分为两段，东段称慧照寺，西段称汪家胡同。慧照寺位于胡同东端与小菊胡同南口相交处路北，原为永宁伯府所在地。成化十七年（1481 年），僧人庭佑将其宅改建为慧照寺，寺所在巷也改名慧照寺胡同。1965 年整顿地名时，将慧照寺胡同并入汪家胡同，改称东四十三条。

东四十四条，肃亲王善耆就曾经居住在这里。她的女儿就是超级间谍川岛芳子。

老北京文化味儿最浓的是哪条胡同

说起老北京文化味儿最浓的一条胡同，非琉璃厂莫属了！老北京最原汁原味的东西都在这儿。相传昔日皇帝出宫来遛弯儿，琉璃厂是其必到之处。不止皇帝爱来这儿，许多达官贵人也喜欢在此处居住，并且全国各地的会馆都聚集在此。官员、赶考的举子们进皇宫，这里也是他们的必经之地，足见其文化底蕴的深厚。

琉璃厂位于西城区，距离天安门广场约有 1 公里，它西起南北柳巷、东至延寿寺街，全长 800 米。实际上在辽、金时期，这里并不是城里，而是郊区，当时叫"海王村"。及至元、明时期，此地建造了很多官窑，用以烧制修建皇宫所用的琉璃瓦件，所以被改名为今天的"琉璃厂"。明朝时期，明成祖朱棣为了迁都北京，下令重建北京城。琉璃厂的炉火就越烧越旺了，制作出来的琉璃瓦，把北京这座历史名城装点得金碧辉煌，历经数百年风雨而光泽不减。

及至明嘉靖三十二年修建外城后，这里变为城区，琉璃厂便不宜于在城里烧窑，而迁至现在的门头沟区的琉璃渠村，但"琉璃厂"的名字却一直留存了下来，沿用至今。

在清朝的康熙至乾隆年间，琉璃厂渐渐地发展成为文化街。当时，很多汉族的官员都居住在琉璃厂以西的宣武门外，并且来自各地的赶考举子居住的会馆也都在附近。他们对书籍的需求量很大，各地书贾更是纷纷在此设摊、建店，出售大量藏书。繁华的市井，便利的条件，形成了"京都雅游之所"，使琉璃厂逐渐发展成为京城最大的书市，形成了人文荟萃的

文化街市，与文化相关的笔墨纸砚、古玩书画等，也随之发展起来。及至清光绪二年（1876年），这里的书店发展到270多家。民国初年，经营文化商品的店铺及其作坊发展到200家。琉璃厂逐渐成了北京城里最有文化味儿的一条街。

琉璃厂与新华街交界处为"厂甸"，是二百年来京城最盛大的春节庙会所在地。清人马炳章的《厂甸记》中说："至正月则倾城士女，如荼如云，车载手挽，络绎于道。"

如今的琉璃厂越来越适合旅游观光了，需要细细地品味和挖掘。

去琉璃厂游玩，有几个地方是必须去的，这里略举一二。

琉璃厂有许多著名老店，如槐荫山房、古艺斋、瑞成斋、萃文阁、一得阁、李福寿笔庄等，还有中国最大的古旧书店中国书店，以及西琉璃厂原有的三大书局——商务印书馆、中华书局、世界书局。而琉璃厂最著名的老店则是荣宝斋，有人说：琉璃厂因荣宝斋等著名文化老店而享有盛名。荣宝斋素有"民间故宫"之称，是琉璃厂的一块金字招牌。拥有300多年的历史，不仅有典藏的文房珍宝、精湛的装裱工艺、绝技的木版水印，还常常举办"以文会友"等交流活动，使其成为联结中国传统文化源头的首要通道。

除了荣宝斋之外，琉璃厂必去的第二个地方是中国书店，琉璃厂地区延续千余年的古旧书业之精华便汇聚于此。它专门收集中国历代古籍、碑帖、拓片、各类旧书、报纸杂志，发售新印古籍和与文化研究有关的各种图书及画册，兼营文房四宝，还开办了京味书楼和北京民俗馆等各类书展。最有特色的还是这儿的古旧书收售及古籍修复技艺。

丰富胡同：老舍先生的"丹柿小院"

提起老舍故居，不得不提那条有名的丰富胡同。老舍故居"丹柿小院"就在这条胡同内。丰富胡同距离王府井不远，在灯市口西街上，是一条南北走向的小巷，北临北厂胡同，附近还有举世闻名的王府井大饭店。如今的丰富胡同只是一条小小的巷道，巷内虽没有多少院落，但狭窄得很有味道。巷内也安静得很，连行人都少见，在喧闹的王府井大街旁边，在这样静静的小巷内游走，也是一种难得的享受。

具体地说，老舍故居"丹柿小院"位于东城区灯市口西街丰富胡同19号，院子不大，方方正正，是座典型的老北京四合院。这是我国著名的作家老舍先生最后住了16年的地儿，是老舍1950年回国后经周恩来总理批准购买的，老舍也因此成为解放初期政府批准作家自己掏钱买房的第一人。其间他写下了脍炙人口的《方珍珠》《龙须沟》《茶馆》等几十部话剧和大量曲艺、杂文、诗歌、散文等。

1950年，老舍被任命为新中国政务院文教委员会委员，并被选为北京市文学艺术工作者联合会主席。为了有一个安静的写作环境，老舍希望能有一所自己的小房子。得到周恩来总理的肯定答复后，老舍请他在美国的出版代理人寄回 500 美元版税，换成 100 匹布，在东城丰富胡同 10 号买下一所小三合院，也就是如今的灯市口西街丰富胡同 19 号。

老舍先生生前比较爱种植花草，这座宅院里的花草树木几乎都是他亲手种植的。1954 年春，他的夫人胡絜青女士在院内种了两棵柿子树，每当深秋来临，红柿高挂，所以这个小院子也被称为"丹柿小院"。如今，这两棵柿子树依然枝繁叶茂。看守老舍故居的老大爷说，秋天满树都会挂满黄澄澄的柿子，比市场上卖的柿子甜得多呢！

老舍先生"生在北京，长在北京，死在北京，他写了一辈子北京，老舍和北京分不开，没有北京，就没有老舍"。老舍在北京前后住过的地方共有十处，其中新中国成立前九处，即小羊圈胡同（现为小杨家胡同）8

号是他的出生地，北京师范学校（今育劝胡同）、第十七小学（今方家胡同小学）等地，新中国成立后仅一处，即丰盛胡同 10 号（今灯市口西街丰富胡同 19 号），他在这里居住直至辞世，居住的时间最长，人生成就最辉煌。

现在，故居院内的东、西厢房，被辟为老舍纪念馆，通过大量珍贵的照片、手稿，展示了老舍先生的生平及创作历程。1984 年 5 月 12 日北京市人民政府将老舍故居公布为北京市第三批文物保护单位。

国子监街：一条精彩的文化街

国子监，又被称为太学、国学，是元明清三代国家设立的最高学府，也是掌管国家政令的最高机关，它通常设置礼、乐、律、射、御、书、数等教学科目。当时的人若能在国子监上学，那可算是光宗耀祖了。国子监的最高长官被称为祭酒，元代的著名学者许衡就曾经做过这里的祭酒。当年他亲自种植的柏树至今已经存活了好几个世纪。

北京的这所国子监，始建于元大德十年（1306 年），在最初的时候是效仿晋代时的名称而被称为国子学。在明朝初期毁弃，改建北平府学，从此北平府学成为北京地区的最高学府。后来明朝的永乐帝从南京迁都北京，又效法唐代名称改北平府学为北京国子监，同时保留着南京国子监。如今的北京国子监内，元代建筑遗存比较少，绝大部分建筑为明清两代所建。

国子监街，因国子监在此地得名，是一条东西向的胡同。它位于东城区西北部。东起雍和宫大街，西至安定门内大街，是首届"中国历史文化名街"之一。东西贯通的国子监街全长 669 米，平均宽度 11 米，清朝的乾隆皇帝赞其为"京师为首善之区，而国子监为首善之地"。

要说起国子监街的历史，可谓十分久远，可以追溯到遥远的元代。元代至元二十四年，元世祖忽必烈在大都城的崇仁门（今天的东直门）内的这条大街上修建了"国子学"。及至元大德六年修建了孔庙，元大德十年在孔庙西修建了国子监，体现了"左庙右学"的规制。对此，明崇祯八年（1635年）刊印的《帝京景物略》有详细的记载："都城东北良隅，瞻其坊曰'崇教'，步其街曰'成贤'，国子监在焉。"在明朝的时候，国子监街被称为"国子监孔庙"，后在清朝的时候改名为"成贤街"，在民国以后改称为国子监街，曾经一度改名为红日北路九条，后又改回国子监街。

国子监街是整个北京城仅存有牌楼的街道，其最突出的景致之一便是那四座牌楼。在街的东口和西口各有一座，额枋上写的是"成贤街"三字。另外两座在胡同中间的国子监大门的两边，额枋上书"国子监"三字，该两牌楼两侧路北均有石碑，用满汉文镌刻"文武官员到此下马"字样。

如今的国子监街，尚保存着较好的旧京街巷的风貌，是京城现存不多的古老街道之一，巍然耸立的牌楼，夹道的古槐，和两旁的大小宅院、庙宇，古色古香，清幽恬静，古城韵味十足。1984年被定为北京市级文物保护单位。

门框胡同：有名的风味小吃一条街

说起大栅栏一带的美味小吃，不能不提门框胡同。门框胡同位于西城区东北部，大栅栏街道办事处辖区东部偏北。它北起廊坊头条，南至大栅栏，是条南北向很不起眼长约百米中间仅约三米宽的小胡同儿。

别看门框胡同非常不起眼，这里还曾经住过我国著名章回体小说家张恨水呢！张先生一生勤奋写作，笔耕不辍，在 1930 至 1933 年居住在门框胡同 12 号院里，仅几年就创作出了《啼笑姻缘》《金粉世家》等好几部小说。

门框胡同在清朝的时候就有了这个名字，对此，《光绪顺天府志》有明确的记载："大栅栏，有小胡同曰门框胡同。"民国的时候继续沿用这个名字，直至今天。

说起门框胡同的来源，也非常有意思，只因为胡同内有一个石砌的过街门槛，下面设置着石门框，所以有了这个名称。

曾经的门框胡同是著名的小吃一条街，同时也是连接大栅栏一带繁华商业区的通道，是京城著名的专售小吃的胡同。曾经有谚语提到京城的繁华之处，里面就提到了门框胡同："东四西单鼓楼前，王府井前门大栅栏，还有那小小门框胡同一线天。"

当年的门框胡同不仅有同乐轩戏园子（后又成红极一时的同乐影院）和一些老字号商铺，更在这窄小的胡同里聚集着名扬国内外的京味传统的众多小吃摊，曾经发展到近 20 家，从南往北的商铺一家紧挨着一家，生

意特别红火，各家小吃的香味从未断过。这儿最有名的店铺是刘家老铺复顺斋，它开设于清代康熙年间，专卖酱牛肉，肉香味醇，远近闻名。除这家酱牛肉店外，这里的小吃店还有年糕王、豌豆宛、厨子杨、年糕杨、豆腐脑白、爆肚冯、奶酪魏、炒火烧沙、同益轩羊肉、俊王爷烧饼等，丰富多彩，味美价廉。这些贩卖小吃的小摊饭铺虽然门脸不大，但几乎每家都有悠久的历史和丰富的传说，吸引了各阶层的食客光顾。据爆肚冯第三代传人冯广聚及豆腐脑白的后人追忆，民国时期正是京味小吃的黄金时代，那时很多戏曲文艺界名流都是在演出卸妆后到门框胡同吃小吃，如裘盛戎、荀慧生、尚小云、金少山、李万春、马连良、谭富英、谭元寿、常宝坤、侯宝林、白全福、郭全宝等都非常爱吃京味小吃，有些人是门框胡同的常客。

1985 年，爆肚冯的后人在门框胡同重新开办了爆肚冯饭馆，此后瑞明楼等老号也纷纷落户门框胡同，门框胡同又与整个大栅栏一道逐渐恢复了往日的繁华。

菊儿胡同：震动国际建筑界的文化路标

北京的旧城，是中国古代都城建筑的最后杰作，凝集着一个悠远而古老民族的文化。城中有条胡同非常有名气，它就是菊儿胡同。这条胡同青砖红檐、典雅古朴，东起交道口南大街，西止南锣鼓巷，全长 438 米，如同一道亮丽的风景，镶嵌在古老的京城。

菊儿胡同，在明朝的时候属昭回靖恭坊，被称为"局儿胡同"。在清朝的时候属镶黄旗，乾隆年间被改名为"桔儿胡同"，"桔"字有两种读音，一读"洁"，另一读"橘"，清末又谐音作"菊儿胡同"。直到宣统年间被正式改名为"菊儿胡同"。

民国时期，沿用了这个名称。直到1965年，政府在整顿地名时，才改其名为"交道口南二条"。后来还曾一度改其名为"大跃进路八条"，最后又恢复了"菊儿胡同"的名称。

菊儿胡同的3号、5号、7号是清光绪大臣荣禄的宅邸。后来，7号还曾是阿富汗大使馆。43号原为寺庙，据传，寺里的开山和尚是皇帝的替僧。可以说，菊儿胡同充满了人文气息和历史的厚重感。

菊儿胡同虽然住过一些名人，有过一些特殊的用途，但与东交民巷、国子监街这些有名的街巷相比，还是非常普通的一条小胡同。可这样一条普通的胡同如今为何被称为"震动国际建筑界的文化路标"呢？

这还要从20世纪80年代，菊儿胡同被列为北京危旧房改造项目说起。正是因为这项旧房改造项目，菊儿胡同成为京城首例新四合院。这里的新四合院，记录了一位建筑师的思考和创造，它与这位建筑师的名字，共同载入了世界建筑史册，引起了全世界的重视，得到了国际建筑界前所未有的认同。

这位建筑师就是吴良镛，他凭借着菊儿胡同改造建筑群的设计，得到过"联合国人居奖"等数不清的奖项和赞誉。

吴良镛，中国科学院院士，中国工程院院士，清华大学建筑学院教授，建筑与城市研究所所长，人居环境科学研究中心主任，我国著名的建筑学家、城乡规划学家和教育家，获得2011年度国家最高科技奖。

菊儿胡同的改造过程是艰难的，可谓历尽艰辛，但最终的结果却是非常喜人的，引起了全世界人的关注。

经过整治后的菊儿胡同，犹如涅槃重生，焕发出了勃勃生机。它的住宅楼设计参照了老北京四合院的格局，又吸收了公寓式住宅楼具有私密性的优点，整个布局错落有致。在保证私密性的同时，利用连接体和小跨院，与传统四合院形成群体，保留了中国传统住宅重视邻里情谊的精神内核。

菊儿胡同新四合院，从菊儿小区一期入住，到1994年二期完工，各种表彰、奖项就纷至沓来：北京市科技成果二等奖、亚洲建筑师协会优秀建筑金奖、世界城市建设荣誉工程、联合国人居奖……时至今日，菊儿胡同新四合院工程依然是我国获得国内外大奖最多的建筑作品。

城市日新月异地飞速发展着，古都神韵依然流动在古老的街巷和红墙黄瓦间。散发着迷人光彩的菊儿胡同，在历史和现实中摇曳，它如同一朵继往开来的建筑之花，绽放在古老的北京城里，表达着中国建筑应有的文化自信，被誉为中国建筑界的一朵奇葩。

老北京胡同里都有哪些摆设

在老北京的胡同里，老百姓们通常都要设置一些摆设，如泰山石敢当、栅栏、上马石、拴马桩、水窝子、牌楼、过街楼等。

1. 泰山石敢当

"泰山石敢当"是五个字的长方形石碑，在老百姓的心目中，具有辟邪保平安之意。

远在上古的时候，就有很多禁忌和崇拜，石崇拜就是其中很特别的一种崇拜方式，意思是将小石碑（或小石人）立于桥道要冲或砌于房屋墙壁，上刻（或书）"石敢当"或"泰山石敢当"等字眼，以表镇压不祥之物、保佑本家平安之意。在当时的胡同民居中特别流行。

关于"石敢当"的文字记载，最早见于西汉史游的《急就章》："师猛虎，石敢当，所不侵，龙未央。"颜师古注："卫有石蜡、石买、石恶，郑有石制，皆为石氏；周有石速，齐有石之纷如，其后以命族。敢当，所向无敌也。"颜氏认为，石是姓，敢当为所向无敌意。其实，"石敢当"是我国古代民间传说中的石神，据说他原本是古代的一个大力士，后来被人们神化了。在老百姓的心目中，"石敢当"如果与"泰山"相结合，则胡同和宅院就可以保平安了。所以，在北京的老胡同里，几乎家家的大门口或者房屋的墙壁上，都会有"泰山石敢当"。

2. 栅栏

"栅栏"，顾名思义，就是栅栏门。栅栏在我们的生产和生活中应用十分广泛，有花园栅栏、公路栅栏、市政栅栏等。目前，在很多城市流行私家别墅和庭院栅栏，多以木制板材为主。胡同如果没有坊墙防护，则是敞开的，会很不安全，如果设置了栅栏，则可起到一层屏障、保护作用。

在明清时代，为了防盗，很多街巷胡同口都会安装一些木制的或铁制的栅栏。这些栅栏白天开启，夜晚关闭。随着时代的更迭，老北京的这些栅栏都渐渐地消失了，有的成了地名，如"大栅栏"。

3. 上马石

"上马石"，也被称为"下马石"，是以马代步时代用来上马、下马的石头，大多左右对称地摆在宅门的两侧，它从侧面看巨石是"└"形，是一个有两步台阶（有的是三步，以两步居多）的石头，第一步台阶高约 30 厘米，第二步台阶高约 60 厘米，通常材质多为青石或花岗石。一般只有大户人家的宅门前才会设置上马石，因为并不是所有的人家都有马骑或可以骑马。

4. 水窝子

在老北京的一些胡同里，有一些水井，在水井的旁边，通常会有一些窝棚，这些窝棚就被称为"水窝子"。水窝子是看井并为大户人家挑水送水人住的地方。在清朝，胡同里的水井被称为"官井"，由兵营里的伙夫管理。清朝的统治结束后，原来管理水井的伙夫开始承租水井，成为"井主"，井主雇水夫送水，水夫则在水井旁搭建窝棚作为住处。

5. 拴马桩

拴马桩，顾名思义，拴马桩就是用来拴马的桩子。常见的拴马桩有两种，一种是独立式的石柱或石碑，再一种是"石洞式"拴马桩，它固定在宅院倒座房的后檐柱上。拴马桩不仅是胡同宅院建筑的有机构成，也如门前的石狮一样，有装点建筑、炫耀富有、避邪镇宅的意义，所以被称为"小户人家的华表"。

"京城第一大会馆"在哪里

北京的众多会馆，大小、规模不一，其中最大的是安徽会馆，该会馆因其建筑雕梁画栋、富丽堂皇、高阁飞檐、气宇轩昂、回阑清池、竹石垂杨，而被誉为"京城第一会馆"，曾一度成为北京和安徽名流"朝夕栖止，交往聚议、欢歌宴饮"之处。

安徽会馆位于北京市西城区后孙公园胡同3号、25号和27号，是老北京城最著名的会馆之一，它始建于清朝的同治八年（1869年）。

在安徽会馆修建以前，在北京只建有安徽一些府、州、县的会馆，而没有安徽省全省的大型会馆。当时这些府、州、县的会馆规模较小，一旦遇上大型的集会，就要借用他省的会馆，非常不方便。清朝末年，以李鸿章为代表的安徽籍人以军功或科举考试得富贵、功名者甚多，他们迫切需要一所大型会馆作为安徽籍人在京活动的场所。

在清同治五年（1866年），当时李鸿章已经主政多年，安徽籍京官吴廷栋、鲍源深等人"以军功和乡谊得富贵者甚众"为由，联名倡议为联系同乡友谊在京城修建一所安徽省全省的大型会馆，即北京安徽会馆。清同治七年（1868年），该倡议得到了湖广总督李鸿章的重视，以李鸿章为首的安徽籍官员和淮军将领154人捐款集资，并于清同治八年（1869年）二月开始修建，最终在同治十年（1871年）会馆落成，耗资28000两白银。

初建成的安徽会馆规模非常小，后来又经历了两次扩建过程，才有了今天的规模。这两次扩建的时间分别是清同治十一年（1872年）和光绪十年（1884年）。和京城其他省籍的会馆不同的是，它既不是专为进京赶考的举子设立的，也不是促进工商业发展的行业会馆，而是专供安徽籍在职的州、县级官员和副参将以上的实权人物在京活动的场所。

除此之外，安徽会馆的建筑也非常有特色，属于庙堂式建筑，为中、东、西三路三大套院，每路皆为四进，还有清式戏楼、思敬堂、藤闲吟屋、龙光燕誉堂等，可谓富丽堂皇、气势宏伟。

安徽会馆原是明末清初学者孙承泽寓所"孙公园"的一部分。其实在清朝的时候，除了孙承泽，还有很多名人曾经在安徽会馆居住过，如乾隆朝内阁大学士翁方纲、刑部员外郎孙星衍、以藏有甲戌本脂批《红楼梦》而闻名的刘位坦等。

除了这些名人曾经居住在这里外，晚清一些著名的事件也与该会馆有关。1895 年，康有为和梁启超开展维新变法运动，当时他二人在北京创办的选登"阁抄"、翻译记录新闻、介绍西学的"万国公报"报社就设在这座会馆里。不仅如此，康有为所创立的中国近代史上第一个改革派的政治团体"强学会"的会址也设在这里。

曾经有过很多辉煌历史的安徽会馆，如今的命运却很令人惋惜，它面临着被拆损的命运。据了解，北京市已筹资修复了该会馆的少数建筑，但

目前原馆的 80% 以上仍为 100 多家居民及后孙公园小学占用。

对这座"京城第一大会馆"的保护可谓任重而道远。

文学巨匠鲁迅先生曾在哪家会馆住过

在北京的众多会馆中，绍兴会馆比较有名，因为它与我国著名的文学家鲁迅先生有关。

绍兴会馆位于南半截胡同 7 号，始建于清朝的道光六年（1826 年）。它在最开始的时候并非一座会馆，而是"山阴会稽两邑会馆"，简称"山会邑馆"，是山阴与会稽两邑京官联合捐资建成的。及至民国元年，山阴与会稽两邑被合并为绍兴县，山会邑馆也随之被改名为绍兴会馆。

绍兴会馆内建筑颇多，如补树书屋、贤阁、仰级堂、涣文萃福之轩、怀旭斋、一枝巢、藤花别馆、绿竹舫、嘉阴堂等。鲁迅先生当年就是住在其中的藤花别馆和补树书屋，一住就长达七年。

说起鲁迅和绍兴会馆的缘分，还不止这些，据说他的祖父在一次进京赶考时，也曾经住在绍兴会馆。鲁迅的出生地是绍兴城内东昌坊口的新台门周家府邸，他的祖父周福清点翰林，当年正是住在绍兴会馆待考候补。可以说，鲁迅正是在无意间追随了他祖父的足迹。由此可以说，周家与绍兴会馆的渊源很深。

据史料记载，1912 年，我国著名的教育家蔡元培先生立志教育救国，大胆启用了一批有志教育的进步知识分子，鲁迅就是其中的一位。鲁迅进京后，第一个住所就是藤花别馆。在藤花别馆，他住了四年。

当时的鲁迅先生只是名义上担任着一个闲职。他整日地生活于一片苦闷和彷徨中，靠抄写残碑拓片消磨时光。可以说，居住在藤花别馆的这几年是他一生中最难熬的"蛰伏"期：青灯黄卷，冥思苦想。万幸的是，在那段愁闷的日子里，他还算有些知己好友陪伴自己，他们就是住在藤花别馆北侧的嘉荫堂的许寿裳兄弟二人。鲁迅经常和他二人一起去广和居聚餐，去琉璃厂淘书，给鲁迅先生带来了一些还算值得铭记的好时光。

及至1916年，鲁迅先生搬入了补树书屋。在这个书屋里，原本有一棵开淡紫色花朵的棟树，后来这棵棟树不幸折断，就补种了一棵槐树，所

以有了"补树书屋"这个名称。正是在补树书屋里，鲁迅取得了重大的文学成就，创作了脍炙人口的作品，如《狂人日记》《孔乙己》《药》《一件小事》等著名小说和《我之节烈观》《我们现在怎样做父亲》等重要杂文，以及27篇随感录和50多篇译作。可以说，补树书屋是他的文学之梦开始腾飞的地方。

鲁迅在补树书屋，一住就是三年半，直至五四运动后，才搬出此地，迁入别处。及至1926年，鲁迅因支持北京学生的爱国运动，遭到军阀政府的通缉，这才离开北京，远赴厦门大学任教。

总的来说，鲁迅共在北京居住了十四年，其中有一半时间是在绍兴会馆度过的。在那苦闷、压抑的七年里，他犹如一只化蛹的蚕，艰难而执着地咬破束缚着自己的厚重茧壳，咬破无边的夜幕，最终蜕变为一只自由的蝴蝶。他一生所提倡并身体力行的"韧的战斗"，就是从居住在绍兴会馆的那段时期开始的。

经过多年的变迁，如今的绍兴会馆已经难寻昔日的容颜。它如今被包围在一片高楼大厦里。若非门口墙上挂着的那块上书"绍兴会馆"字样的铭牌，几乎看不出它与其他大杂院的区别，只有红漆木大门才能让人依稀从中看出曾经的模样。院子里凌乱地搭建了一些小房屋，如迷宫一般。当年鲁迅曾经办公和居住的地方，已经被分割成几户人家的住处，搭建的房屋杂乱地挤在一起，几乎已看不出当年的样子。

绍兴会馆虽然已经难寻昔日模样，但因鲁迅先生曾在这里生活、工作过，因而慕名来此参观、瞻仰、凭吊遗迹的人仍然不少。据居住在这里的一位老人家回忆："来这里找鲁迅的人很多，尤其是假期的时候，很多学生会来，也有一些来自日本、韩国的留学生，还有一些名人。但也只是看看而已，很多东西都没了，已经没有原来的样子。"

什刹海沿岸名人故居知多少

北京作为一个古老的文化之都，分布着很多名人故居，仅美丽的什刹海沿岸就有多处，如梅兰芳故居、宋庆龄故居、张伯驹故居、郭沫若故居、丁玲故居、马海德故居、梁漱溟故居、萧军故居、杨沫故居等。

梅兰芳故居。梅兰芳是我国著名的京剧大师，其故居位于护国寺街9号院，现如今为梅兰芳纪念馆，收藏着大量的珍贵文物资料。梅兰芳纪念馆，原本是清末庆亲王奕劻王府的一部分，新中国成立后经过修缮，梅兰芳搬到这里居住，一直住到去世。正是在这座幽静、安适的四合院里，梅先生度过了他人生的最后十年。梅兰芳逝世后，在该住所处建立了梅兰芳纪念馆，并于1986年对外开放。如今朱漆的大门上，还悬挂着邓小平亲笔书写的匾额"梅兰芳纪念馆"。

宋庆龄故居。宋庆龄是中华人民共和国名誉主席，其故居位于后海北沿46号，原本是清朝的醇亲王载沣也就是清末代皇帝溥仪之父的府邸，是一座非常古典的园林，在园中种植着各种花草树木，还有各式各样的古典建筑，如畅襟斋、听鹂轩、观花室、恩波亭等，尽显中国古建筑之美。宋庆龄是从20世纪60年代开始在这里居住的，直至她去世。

张伯驹故居。张伯驹和张学良、溥侗、袁克文一起被称为"民国四公子"，是一位集收藏鉴赏家、书画家、诗词学家、京剧艺术研究家于一身的"奇才名士"。张伯驹故居位于后海南沿26号，院子紧邻后海，环境清雅。张伯驹于20世纪50年代迁居于此，一直住到他1982年去世。与其他的故居相比，风格非常独特。因为该故居并非典型的四合院结构，它坐南朝北，有五间北房，在院子的南部有一方亭和廊房。北房的东间是主人的卧室，西间是客房，居中三间是客厅兼画室。

郭沫若故居。郭沫若是我国伟大的文学家，其故居位于前海西街18号，是一座二进四合院，在其前院有小山和一株高大的银杏树，阶前的廊下，种植着蜡梅、海棠、紫藤等植物。如今的郭沫若故居为郭沫若纪念馆。

丁玲故居。丁玲是我国当代著名的作家、社会活动家，主要代表作是《太阳照在桑干河上》。丁玲故居位于大翔凤胡同3号。两排平房各踞南北，西面是一栋两层小楼，环境静谧优雅。丁玲晚年曾经在此居住，如今是《民族文学》杂志社所在地。

马海德故居。马海德是美国人，性病和麻风病专家。他早年即投身于中国革命，中华人民共和国成立后，协助组建中央皮肤性病研究所，致力于性病和麻风病的防治和研究。他毕生为这些病的患者解除病痛，为在中国消灭性病和在2000年全国争取达到基本消灭麻风病作出了贡献。其故居位于后海北沿24号，他是从20世纪50年代搬到这里来的。该院子呈坐北朝南方向，有五间北房，分别用作餐厅和卧室。东厢房是秘书室和客厅，西厢房是子女们的居室。

梁漱溟故居。梁漱溟是我国著名的思想家、哲学家、教育家、社会活动家、爱国民主人士、著名学者、国学大师，主要研究人生问题和社会问题，现代新儒家的早期代表人物之一，有"中国最后一位儒家"之称。其故居位于西海西沿2号，梁漱溟是在20世纪50年代，从借住的颐和园搬到这里来的。歇山顶门楼、砖砌影壁，与近处的汇通祠相望，风景清旷。

萧军故居。萧军是中国现当代著名作家，是"东北作家群"的领军人物，其故居位于西城区鸦儿胡同6号，是一栋砖木结构的两层西式小楼，也是北京最古老的胡同建筑之一。萧军是在20世纪50年代初从沈阳迁到这里来的，当时这处宅院被称为"银锭桥西海北楼"。

田间故居。田间，原名童天鉴，安徽省无为县羊山乡人，是我国著名的诗人，主要代表作有《未明集》《中国牧歌》《中国农村的故事》《给战斗者》等，享誉诗坛。他提倡诗歌要民族化、大众化、战斗化。为了更好地集中精力工作和写作，他在 1954 年用稿费购买了后海北沿 38 号院作为自己的居所，一直住到他逝世。

田间故居是一座四合院，呈坐北朝南方向。北房五间，分别为书库、卧室、客厅。西厢房为办公室，东厢房为餐厅。

杨沫故居。杨沫是我国著名的作家，其主要代表作是俘虏了众多年轻人之心的长篇小说《青春之歌》，其中鲜明、生动地刻画了林道静等一系列青年知识分子形象。杨沫故居位于柳荫街 29 号，该院原本是涛贝勒府的一部分。建筑风格相对传统，院中放置着花坛，种植着一些老树。

第七章

老北京风味饮食故事

京菜为何没有进八大菜系

提及中国菜，很多人都会提及著名的八大菜系，它们分别是：山东菜、四川菜、湖南菜、江苏菜、浙江菜、安徽菜、广东菜和福建菜。然而，令人称奇的是，其中并没有北京菜。

北京人为什么没有使北京菜挤入中国八大菜系的行列中呢？

其实最主要的原因就是北京菜品种的多样化，汇集了众家之长，品种虽然非常多，但没有形成自己独特的风味。所以，没有被纳入著名的八大菜系中。

然而，现实生活中，有人将北京菜列入了"八大菜系"中，其实，这并不准确。因为若要形成菜系，首先就要和自己的本土文化相吻合，具备一定的独特性。除此之外，在品种、规模、制作方法、食用方法等方面，也要形成自己的一整套东西，因为只有形成系统了才能称其为菜系。然而，北京菜却不具备"独特性"和"系统性"这些特点。

据老辈人讲，在过去，北京的餐饮业中属山东菜馆最多。当时比较有名的餐馆中有"十大堂"和"八大居"之说。所谓的十大堂即指金鱼胡同的福寿堂、东皇城根的隆丰堂、西单报子街的聚贤堂和同和堂、东四钱粮胡同的聚寿堂、总布胡同的燕寿堂、地安门外大街的庆和堂、什刹海北岸的会贤堂以及前门外大栅栏的惠丰堂和天福堂；而八大居是指前门外的福兴居、万兴居、同兴居、东兴居（此四家又称"四大兴"）、大栅栏的

万福居、菜市口北半截胡同的广和居、西四的同和居、西单的砂锅居。除了十大堂和八大居之外，还有八大楼和八大春之说，其中大多是山东风味，足见北京菜中被纳入了很多山东菜元素。

老北京除了山东餐馆比较多外，淮扬菜也比较多。主要是因为在北洋政府时期，各部长、署长、国会议员等官员以及各大学的很多教授大多来自江浙，他们要吃自己的家乡菜，就这样淮扬菜在北京就扎根发展起来。甚至出现这样的盛况：在上世纪二三十年代的西长安街，尤其是西单附近，至少有十二家经营淮扬菜的餐馆，被人称为"长安十二春"。所以北京菜中也被纳入了很多淮南菜元素。

另外，从历史的角度看，也验证了北京菜的繁杂、多样化。在旧时，北京有皇家、王公贵族、达官贵人、巨商大贾和文人雅士等各方面人士，因而社会交往可谓比较复杂。再加上社交礼仪、节令及日常餐饮的需要，各种餐馆非常多，甚至各个宫廷、官府、大宅门内，都雇用了自己专门的厨师。而这些个厨师来自全国各地，很自然地也会把自己家乡的饮食风味带进北京，这样就导致北京菜的"鱼龙混杂"、博采众家之长。这对北京饮食业的发展有很大的好处，但一个弊端就是太多的地方元素融进了北京，导致北京菜缺少了独特的个性。

如今，北京菜虽然没有被纳入八大菜系，但也发展得不错，也有自己引以为豪的菜，如北京烤鸭、涮羊肉等。而且随着社会的发展，尤其是商品经济的勃兴，北京菜的发展空间会越来越大，会发展得越来越好！

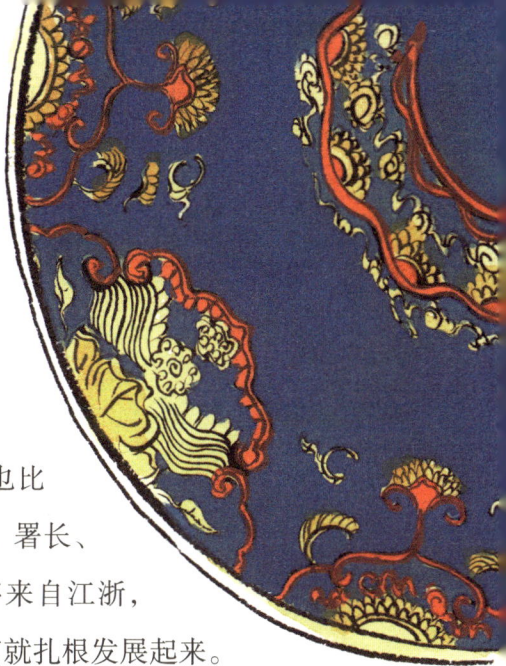

老北京口中的"吃秋"是怎么回事儿

在老北京人中间有这样一种说法，那就是一入秋就得"吃秋"。什么是吃秋呢？所谓吃秋，也被叫作"贴秋膘儿"，就是指在入秋时，要吃些有营养的美食，以滋养身体。如今老北京城还有"立秋炖大肉"的说法。

老北京人为什么讲究吃秋呢？

主要有两个原因，一个原因是，老祖宗们都把炎热的夏天叫作恶季，就是因为每逢夏天，生活环境会变坏，苍蝇、蚊子等虫类横生，会带来并传播各种疾病，再加上夏天天气闷热，会影响人进食的胃口，导致人一到夏天就容易营养流失，出现胃口不佳、精神萎靡等症状，也因此民间有"一夏无病三分虚"的说法。而入秋了，正是补充人身体所缺的各种营养的好时机，正所谓"秋季补得好，冬天病不找"。另一个原因是，秋天是收获的季节，待到庄稼成熟时，京郊的玉米、稻谷、高粱、大枣、核桃、梨等应时上市，老百姓们有了丰盛的吃食，胃口也会见好，就开始关注这贴秋膘的事儿了。

那么，老北京人吃秋都吃些啥呢？

其实不同境况的人吃法也不同。通常生活比较富裕的人家会经常烹制一些鱼啊肉啊的吃食，如红烧肉、红烧鱼、炖牛羊肉、炖鸡鸭等富含蛋白质的肉类佳肴；而生活比较穷苦的老百姓则多吃蔬菜和面食，如大白菜、土豆、油菜、玉米面、高粱米等，家庭稍微宽裕时，还会偶尔买点儿肉和新上市的韭菜、茴香、小白菜制作出馋人的水饺、菜团子等；最讲究吃秋的还是那些社会名流、文人墨客、演艺界名伶们，他们在入秋时，通常会携家人或约好友下馆子，吃些烤鸭、烤肉、涮肉等名吃。

除了以上吃食外，老北京人在入秋时还喜欢吃这几样儿：

玉米棒

立秋前后，成熟的作物还不多。但有一种作物会提前进入收割期，那就是京郊的农民朋友专为售卖而提前种植的玉米棒。一入秋，老百姓们就会去市集上买一些颗粒饱满的青玉米，拿回家中放入大锅里用清水煮沸，待青玉米被煮成了金黄色黄金般的老玉米后，那香味甭提多诱人了。

羊头肉

羊头肉具有丰富的营养，味甘、性热，是温补脾胃肝肾、补血温经的好食物，最适合在入秋时节进食。《燕都小食品杂咏》就曾对羊头肉有如下记载："十月燕京冷朔风，羊头上市味无穷。盐花洒得如飞雪，薄薄切成与纸同。"

甜枣

入秋时节，最让孩子们喜欢的吃食非甜枣莫属了。老北京较大的四合院栽种枣树的人家很多，每逢入秋，甜枣成熟，累累的果实挂满了枝头，玛瑙般的枣儿让人们喜出望外。民间就有"七月十五枣红圈，八月十五枣

摆杆"的说法。

煮毛豆、煮花生

农历八九月份，是煮毛豆和煮花生流行的季节。这时候，京郊的农民朋友会把毛豆、花生拉到菜市场销售。市民将买回的毛豆、花生用锅煮熟，趁热放入花椒、大料、食盐，捞出来便可食用。这两种吃食的味道十分可口，在老百姓中广受欢迎。

秋天是成熟的季节，可吃的东西真是太多了。这时候老百姓们都会利用这大好时机，多进食一些营养丰富的肉类、蔬菜瓜果、五谷杂粮，以求健康长寿。

玉米粥是怎么进入御膳房食谱的

在当今老百姓的心里，能进入古时候皇宫御膳房的食物不是山珍海味，就是各地有名的特色小吃，无论是成色还是制作工艺，绝对是千里挑一。因为，那可是皇帝一家吃的啊！皇帝是谁？真龙天子啊！

可是有这么一道食物，它非常平凡，极其家常，这样一种食物愣是打败了各式各样的山珍海味，挤入了清朝皇帝的御膳谱里。它是什么食物呢？很普通，就是玉米粥。在德龄所著的《清宫琐记》中，就记载着慈禧太后爱吃玉米粥的故事。

很多人不禁好奇，平凡的玉米粥是怎么"混"进皇家食谱里的呢？这与一个传说有关。

大家都知道，大清朝泱泱大国是马上打下的江山，清朝的皇亲国戚们无不马上功夫一流，尤其爱好打猎，康熙皇帝就是其中一位。

一次，康熙领着众侍卫去滦平的长山峪一带打猎。一行人猎得很多猎物，玩得十分开心，待太阳快要下山时方往回走。正策马走着，康熙突然看到远处有一只非常漂亮的梅花鹿。猎物袋里可独独缺这么个好物什啊！康熙赶紧张弓搭箭，快马加鞭，紧追不舍。

追赶了一会儿，天色渐渐地黑了。由于康熙赶得太急，竟把众侍卫落下了好远。康熙累得气喘吁吁，肚子里也饿得咕咕直叫，只好策马往回走。

走了一会儿，突然看到前方有灯光。康熙赶紧策马上前一看，原来是一户农舍。康熙高兴极了，打算向这户人家讨些饭吃。

他勒住马，停在了农舍门口，往里一望，只见一位头发花白的老者正与家人围在一起吃饭。饭桌上摆着热气腾腾、焦黄焦黄的玉米面干粮和香喷喷的玉米粥，还有野兔肉炖蘑菇，烧金针和一大盘凉菜。

康熙看了热腾腾的食物，馋极了。便下马走进农舍，对老者说："这位老先生，打扰了！我去前面的山上打猎，可由于天色太晚，无法及时赶回家。再加上一天都没有吃饭，所以非常饿，想借用您一餐，来日定送还银两。"

老者是一位非常热心的人，他听了后赶紧招呼康熙坐下来吃饭。

康熙饿极了，三下两下便吃了个大饱。吃完后便问老者："老先生，您家的饭菜真好吃啊！这么好的饭菜是谁做的啊，一定出自一个心灵手巧的媳妇吧？"

老者听了，哈哈大笑，说："您请看，陪我吃饭的就这三个儿子，我们家没有女人哪！我老伴去世得早，三个儿子还没有娶亲。大儿子负责上山打猎，二儿子负责上山砍柴，三儿子负责在家照顾我，兼顾做菜烧饭。您今天吃的饭菜是我三儿子做的啊！"

康熙听了老者的话，非常惊讶。不禁打量起老者的三儿子来。只见他

眉清目秀、干净利索，心里非常喜欢，便赞了他几句。

正说话间，康熙的众侍卫在外边看到了皇帝的御马，便找了进来。这老者一家才得知眼前的这位便是当今皇帝康熙，吓得连连磕头。康熙一把将他们扶起，说："朕这一趟真是收获很多啊，看到你们一家和和美美、其乐融融，想到这一带的百姓应该生活得非常安稳，朕也就高兴了！"

接着，康熙吩咐侍卫重赏了老者一家，这才策马回宫。

没几天，康熙便怀念起老者家的玉米粥来，觉着宫里的山珍海味全不如玉米粥吃着爽口，于是派人找到老者的三儿子，将他请进宫来在御膳房里专门给康熙做玉米粥吃。

从此以后，玉米粥便在清朝御膳房里有了属于自己的位置，与那些名扬天下的山珍海味一起，被写进了御膳房的食谱里。

你了解老北京"杂拌儿"都有啥吗

小时候，最看重的节日，莫过于春节，因为春节时不仅可以家家团圆、穿上好看的衣服，还可以吃上好吃的东西。但对小孩儿们来说，最好吃的可不是什么饺子和大鱼大肉，他们最想吃、最爱吃的，是那色彩鲜艳、各种味道的"杂拌儿"。有首民谣这样唱道："过大年好喜欢，吃了杂抓能抓钱，不挣钱的学生抓识字，大姑娘抓针线……"这里的"杂抓"讲的就是杂拌的事儿。

如今，提起"杂拌儿"的名称来历，很多人都说不上来。其实，在不同的时代，杂拌儿的内容也有着变化，名称也不一样。"杂拌儿"，其实是由一些不同种类的干鲜果品掺杂在一起拌合而成的。

宋代时，杂拌儿被叫作"果子盒"，内装许多干果。

明朝时，杂拌儿的名字非常文雅，叫作"百事大吉盒"，明人刘若愚就曾在《酌中志》中说：北京正月新年有内盛"柿饼、荔枝、桂圆、栗子、熟枣"的"百事大吉盒"。

清代时，原来人们把杂拌儿叫作"蜜饯"，是厨师们将一些干果用蜜汁加工而成的，这种蜜饯色香味俱全，传说深受慈禧太后的喜爱，一次，慈禧太后就随口赐了个"杂拌儿"的名。后来，杂拌儿这一名字从宫内传到民间了，就一直被叫到了现在。说起杂拌儿，还可以进行细分，即高档的细杂拌儿、中档的杂拌儿、杂抓三类。

高档的细杂拌儿，旧时的老百姓轻易吃不着，因为里面所含的干果儿太多了，老百姓们都吃不起。这种高档的细杂拌儿，是将鲜杏儿、蜜桃、大枣、桂圆、荔枝、山楂、藕片等，经过糖蜜渍汁加工成蜜饯杂拌儿，主要是为旧时那些王公贵族、王府大宅里的人食用的。延续到现在，高档的细杂拌儿已经演变成盒装的北京特产"蜜饯果脯"，包装精美、味道可口，成为当今老百姓们走亲访友的馈赠佳品。

中档的杂拌儿，也被称为粗杂拌儿，与高档的细杂拌儿相比，所含的干果成分相对少一些，主要是梨干儿、苹果干儿、柿饼条、山楂条、脆枣、榛子仁、花生仁等。

杂抓，属于比较次级的杂拌儿，旧时的老百姓过年过节所吃的杂拌儿就是这种，里面所含的都是些价钱最便宜的瓜子、花生、嘣酥豆什么的。说起杂抓这一名称的来历，还很有意思。当时，卖这种比较次级的杂拌儿的小商贩多是推着小车沿街吆喝着卖，卖给顾客时也不用秤称，只是用手一抓，用旧画报折卷成的三角形纸包一放就完事儿了。这种较次级的杂拌儿也因此而有了"杂抓"这个名儿。

杂拌儿在老北京人这里，属于过年必备的年货之一，主要用来除夕守岁和招待来家拜访的亲朋好友。大年除夕的晚上，一家人团团围着，边吃杂拌儿边聊天的时光，想必很多老北京人都记忆犹新、无比怀念吧！

你知道蜜供是用来祭祀的吗

蜜供是老北京的特色糕点之一。老北京过年除夕摆供时，总会摆上一些蜜供。因为，按照当时的说法，如果过年时没有蜜供来祭拜，不仅显得这一家子过得非常寒酸，还是对神佛祖先的大不敬。所以，即使再穷的人家，也会买一些蜜供来摆，只是蜜供的大小、分量不同而已。由此可见老北京人对蜜供的重视。

所谓蜜供，也被叫作"蜜供尖"，是祭祀专用的面食，属于老北京传统油炸小吃，因它是蘸了蜜糖的一种糕点，故称"蜜供"。《清稗类钞》中就曾对蜜供有专门的描述："所谓蜜供者，专以祀神，以油、面做夹，砌作浮图式，中空玲珑，高二三尺，五具一堂，元日神前必用之。"

旧时，蜜供通常由饽饽铺（也就是如今的糕点铺）制作并出售。当时，制作蜜供比较有名的有好几家，例如德丰斋、正明斋、聚庆斋等。各饽饽铺的蜜供，是用和了油的半发面、夹上少许红色馅、洒上桂花汁后擀平，切成一寸来长铅笔粗细的小面条，油炸后蘸蜜糖即成。

每年腊月初几，家家饽饽铺都会制作个上书"本店专门定做蜜供"的招牌挂在店铺门口，以招揽顾客。一般的人家都是现钱订货，而穷人家则可以"打供"，即想定制什么样、大小、重量，在年初时就说好，按价每月分期交预付款，即每月交零钱到年底凑成蜜供价的整数，到时候拿回蜜供回家过年。当时用此法，解决了穷人家不能一次性花费很多钱买蜜供的难题。而那些家境殷实的人家，通常都是在腊月中下旬时，由饽饽铺派专人送到家，这在当时成为一景。

在旧时，蜜供非常流行。尤其是在清朝时候，北京崇文门外药王庙

还专门设置了"蜜供局"，专门为皇室提供蜜供。关于这家药王庙的蜜供，还有一个非常有意思的传说。

相传，当时这个药王庙就在哈德门（也就是今天的崇文门）外，庙里住着一群道士，他们不仅道术很高，为了维持生计，还自主开办了一个小作坊，专门制作各类糕点。这些道士的厨艺非常好，做的糕点深受老百姓们的喜爱，尤其是他们自制的蜜供，更是非常好吃、好看、名气大。有一年，清朝的道光皇帝听人谈起药王庙蜜供的好，便穿着便装，悄悄地来到药王庙。当他看到庙里放着的那些蜜供，不仅色彩鲜艳，形状还很别致，十分惊讶，赞不绝口。待尝了几个后，更是直夸做得好。回宫后，他马上下旨，命药王庙为御膳房的蜜供局。从此，药王庙就专门向皇宫提供蜜供了，药王庙的名气也跟着大了起来，来烧香的人也越来越多了。

说起蜜供的历史发展过程，也很坎坷，它曾在十年浩劫期间销声匿迹。直到20世纪90年代初，一家糕点店才重新开始售卖起蜜供来。如今，售卖蜜供的店铺有很多，荟萃园、正明斋、稻香村等知名糕点店在每年的腊月都会提供质优价廉的蜜供，到时候您不妨尝一尝。

焦圈儿的故事

谈及北京的各色小吃，很多人会首先想起焦圈儿，许多人称"边喝豆汁边吃焦圈是一种享受"。

什么是焦圈儿呢？所谓焦圈儿，又被称为"小油鬼"，色泽深黄，形如手镯，焦香酥脆，风味独特。别看这焦圈儿非常普通，人家可是从清宫御膳房传出来的食品呢！

据《北京土语词典》记载："作环状，大小如镯，特别酥脆。"这讲的就是焦圈儿。

可以说焦圈儿是老北京人爱吃、爱看的名小吃。其实，除了耐吃、耐看之外，焦圈儿身上还发生过很多有趣的故事，其中最有名的当属很多名厨因焦圈儿而被称为"焦圈儿王"。

在这些封"王"的历史中最有名的是"焦圈儿俊王"。"焦圈儿俊王"是老北京食客对光绪年间德顺斋创始人王国瑞的美称，因他长得非常白净英俊，故送给他这个封号，如今王家的手艺已经传到了第五代。

除了"焦圈儿俊王"之外，还有一个"王"不得不提，他就是北京比较有名的兴盛馆的邹殿元。邹殿元的师父孙德山是清宫御膳房专做焦圈儿的厨师，后来又有百年老号德顺斋"焦圈儿俊王"的相传，制作的焦圈儿可谓又酥又脆，非常受欢迎，甚至有的食客说："吃上一辈子都不腻口啊！"

如今，北京比较有名的焦圈儿售卖店是北京护国寺小吃店和群芳小吃店，他们制作的焦圈儿深受老百姓的喜爱，并于1997年12月被中国烹饪协会授予首届全国中华名小吃称号。

冰糖葫芦的由来

来北京游玩，很多人一定不会错过一款美食，那就是老北京冰糖葫芦。冰糖葫芦有很多种，但老北京的绝对是拥有数一数二的口感，所以，很多居住在北京的人，在回家探亲时总喜欢买上几斤袋装的冰糖葫芦，让家里人尝个鲜儿。

老北京的冰糖葫芦，不仅口感好，酸甜可口，而且模样也很耐看。红彤彤的山楂果按大小顺序排列穿在竹扦子上，外面再裹上一层厚实的、晶莹透明的糖稀，从远处看，就像一棵硕果累累的小树，非常诱人，简直是人间美味！

说起老北京冰糖葫芦的好吃、好看，很多人一定点头称是。可若要问起冰糖葫芦的来历，恐怕就没有几个人能说出来吧！

提起冰糖葫芦的来历，还得说说南宋的宋光宗皇帝呢。

南宋时期，宋光宗最宠爱的人是黄贵妃。一次，黄贵妃生病了，什么都不想吃，病情遂一天比一天重。宋光宗吩咐御医开了很多药方子，但都不管用，黄贵妃一天比一天瘦，非常可怜。宋光宗见爱妃病至如此，非常心疼，整日愁眉不展。一位太监见皇上发愁的样子，也想法帮皇上开解，他说："天下无奇不有，隐藏着各种能人，眼看黄贵妃的病越来越重了，皇上您何不发道圣旨，看看民间有没有神医能够将黄贵妃的病治好。"宋光宗听了这位太监的话，心底又萌发了一丝希望。于是命大臣张榜求医。

几天后，一位江湖郎中揭榜进宫，为黄贵妃诊脉后说："其实黄贵妃的病并不严重，皇上您不必发愁，只需用冰糖与红果（即山楂）煎熬，每顿饭前吃五至十枚，不出半月病一定能够痊愈。"

开始宋光宗还不相信这法子，但又没有什么别的好办法，于是只好采纳了这位郎中的话，命人按照郎中的法子做好了药。没想到，这种药还挺合黄贵妃的口味，黄贵妃按这个方子服用后，果然如期痊愈了。宋光宗见爱妃病体痊愈，别提多高兴了，遂大大奖赏了这位江湖郎中。

后来，江湖郎中治好黄贵妃病的事儿传到了民间，老百姓们纷纷按照郎中的法子进行制作，大家吃了无不称好，于是这方子便流传开来，即使没病也喜欢吃上几颗。后来又有人在此基础上进行了加工，将用冰糖熬好的红果用一根竹扦穿连起来，并取名为冰糖葫芦。

黄贵妃的病那么严重，连御医都无法可施，那江湖郎中仅用一些红果、冰糖就将病看好了，真可谓非常神奇。原来，别看山楂小小一枚，并不起眼，但它药用功效却很多，能够消食积、散淤血、驱绦虫、止痢疾，特别是有助于消化。明代杰出的医药学家李时珍曾说过："煮老鸡硬肉，入山植（山楂）数颗即易烂，则其消向积之功，盖可推矣。"也道出了山楂的助消化特性。黄贵妃每日吃的是山珍海味，或许是一不注意被食用的山珍海味积住了食，导致消化不良。小小山楂具有助消化功能，遂帮黄贵妃解除了病痛。

炒肝儿的由来

去包子铺吃饭的人，偶尔能看到隔壁桌上有人在吃一碗黑乎乎的黏稠状食物，汤汁油亮酱红，肝香肠肥，让人忍不住也来一份尝尝。这份黑乎乎的黏稠状食物是什么？就是北京名吃炒肝儿。

炒肝儿是北京特色风味小吃，由宋代民间食品"熬肝"和"炒肺"发展而来，以猪的肝脏、大肠等为主料，以蒜等为辅料，以淀粉勾芡而成，其味浓不腻，稀而不澥，颇得北京人的喜爱。

说起炒肝儿，北京人几乎人人都知道。但说起其来历，很多人就开不了口了。要追溯炒肝儿的历史，要从清朝同治年间前门鲜鱼口胡同的会仙居开始说起。

当时，会仙居由三位姓刘的兄弟经营，主要经营白水杂碎生意。这三兄弟都是非常勤劳的人，他们起早贪黑地干，一点儿也不敢偷懒，可生意就是不景气。于是，这三兄弟便商量着如何提升店铺的人气，在老大的提议下，他们决定改进白水杂碎的做法。

说来也巧，当时《北京新报》的主持人杨曼青和这三兄弟的交情非常好，得知他们的想法后，便给他们提议说："你们既然想改进，何不大刀阔斧地改！你们把白水杂碎的心肺去掉，加上酱色后勾芡，名字可不能叫烩肥肠，就叫炒肝儿，这样或许更能吸引人一些。"

三兄弟听了，都觉得这想法不错。想了一会儿后，老三说："那人家问为何叫'炒肝儿'时，我们可怎么说啊？"

杨曼青听了哈哈大笑："老三你可真是个大实诚人！你们大可以说肝被炒过啊。这样吧，为了提升你们的名气，我在报上也帮你们宣传宣传。"

三兄弟听了，别提多开心了，与杨曼青话别后，便照他的提议行动。

三兄弟把鲜肥的猪肠用碱、盐浸泡揉搓，然后用清水加醋洗净，用文火炖；等肠子烂熟之后将其切成小段，鲜猪肝则片成柳叶状的条儿。在制作炒肝儿之前，他们先把作料和口蘑汤做好。

别看佐料和口蘑汤不是主原料，可也不能小看，它们影响着整个炒肝儿成品的品质。他们先将锅温热放油，把大料炸透，然后放入生蒜，等蒜变黄时就放入黄酱，然后炒几下，蒜酱便做好了。除了精心制作作料外，还要精心制作口蘑汤备用。

待一切准备好后，就可以制作炒肝儿了。先将切好的熟肠段放入沸汤中，然后放入蒜酱、葱花、姜末和口蘑汤，之后放入切好的生猪肝，马上勾芡，最后撒上蒜泥，炒肝儿就做好了。汤汗晶莹透亮，猪肠肥滑软烂，肝嫩鲜香，清淡不腻，醇厚味美。

会仙居的炒肝儿一经推出，便吸引了众多顾客。他们争相来买炒肝儿，不久会仙居的名声在当地便是响当当的了！

会仙居的炒肝儿出名后，京城的各大饭店、各个小吃店也跟着做炒肝儿的生意。随着岁月的流逝，炒肝儿发展成为京城的一大名吃，流传到了现在。

卤煮火烧的由来

卤煮火烧是老北京的一道传统小吃，地道的北京人中估计没有几个人不喜欢吃。火烧切井字刀，豆腐切三角，小肠、肺头剁小块，从锅里舀一勺老汤往碗里一浇，再来点蒜泥、辣椒油、豆腐乳、韭菜花。热腾腾的一碗端上来，犹如品尝人间美味。

如此美妙的食物是怎么来的呢？最初的卤煮出自清宫廷的"苏造肉"。

相传，清朝乾隆帝在一次赴南方微服私访时，曾住在大臣陈元龙的家里。陈府里的厨师张东官做的一手好菜，颇对乾隆的口味。于是乾隆帝在私访结束回京时，向陈云龙讨要了张东官，将他安置在宫中御膳房。

张东官是一个非常聪明的人，他知道乾隆帝喜爱厚味饮食，就用五花肉加丁香、官桂、甘草、砂仁、桂皮、蔻仁、肉桂等香料烹

制出一道肉菜供膳。香料按照春、夏、秋、冬四季，分量随之变化。这种配制的香料煮成的肉汤，因张东官是苏州人，就称为"苏造汤"，其中的肉就被称为"苏造肉"。后来"苏造肉"传到了民间，受到老百姓的深深喜爱。《燕都小食品杂咏》对此有记载，其中有一首诗就是专门为"苏造肉"而创作的："苏造肥鲜饱老馋，火烧汤渍肉来嵌。纵然饕餮人称腻，一脔膏油已满衫。"由此可感知"苏造肉"的美味。

然而，"苏造肉"又是如何演变为卤煮火烧的呢？这要归功于"小肠陈"的创始人陈兆恩。陈兆恩当时就是售卖"苏造肉"的，那时的"苏造肉"是用五花肉煮制的，所以价格非常贵，只有那些达官贵人才吃得起，而普通的老百姓根本买不起。为了让更多的老百姓都能吃上可口的"苏造肉"，陈兆恩便苦思妙策，最后决定用价格低廉的猪头肉取代价格昂贵的五花肉，同时加入价格更便宜的猪下水进行煮制。没想到用猪头肉和猪下水煮制的"苏造肉"竟然在老百姓中大受欢迎，成为当时一绝。

这给了陈兆恩很大的鼓舞和信心。为了让更多的老百姓都能吃上更可口的"苏造肉"，陈兆恩主张加入火烧一起卤煮。火烧与烧饼十分相似，但火烧表面上没有芝麻仁。而卤煮指的是"卤煮猪下水"，卤煮火烧是将整个火烧放入卤煮猪下水的大锅中同煮，食用时捞起来切块，与卤猪下水同食，可加香菜及辣椒油。

卤煮火烧的开创，不仅便利了当时的老百姓，丰富了老百姓的日常生活，而且为老北京特色食谱添加了一道亮丽的风景。

茶汤的由来

相信很多人都看过经典电视剧《四世同堂》吧！如果您看过的话，想必对齐老太爷到地摊上买兔儿爷的场景有点儿印象。在那一场景中有一个镜头，就是卖北京小吃茶汤的人在吆喝。只见那伙计拎着一把冒着热气的大茶汤壶，大铜壶金光锃亮，壶身铸有游龙，壶嘴是一个龙头的造型，龙头上面系着两朵丝绒花球，显得既古典又漂亮。大铜壶肚膛内点着煤炭，沿着肚膛盛水，茶汤就用烧得滚开的水直接冲入放有茶汤原料的碗内。由于盛水的大铜壶足有四十公斤重，所以冲茶汤的手艺人不仅要有熟练的技巧，手还要有劲儿，否则茶汤没冲好，反而易被烫伤。所以，一般冲茶汤的手艺人都是男子，但也有例外。

从名称由来上说，茶汤因用水冲熟，如沏茶一般，故名茶汤。如果说茶汤究竟起源于什么时候，那还真说不清。据传早在五百年前，明朝宫廷小吃中就有了茶汤的名号，有俗语为证："翰林院文章，太医院药方。光禄寺茶汤，武库司刀枪。"从中我们可以看到茶汤在明朝时期就已经风靡朝野。

如今，茶汤主要有山东茶汤和北京茶汤两种。其中，北京茶汤更是传统风味小吃，味甜香醇，色泽杏黄，味道细腻耐品，因用龙头嘴的壶冲制，所以又叫龙茶。清嘉庆年间的《都门竹枝词》中有"清晨一碗甜浆粥，才吃茶汤又面茶"的诗句。这首诗勾画出了旧北京街头小吃的多样化，从中也可见当时茶汤的流行。

北京茶汤属于一种甜饮，和藕粉相似，原料是糜子面，用开水冲食。但它有一套冲制的技巧，非熟手不能完成：先把茶汤原料在碗内调好，放好糖与桂花卤；然后再在高大、体重的铜壶中装满滚开的水。售者一手执碗，一手扶壶柄，必须双脚撇开半蹲式，才能立稳。左手的碗，正好等在壶嘴边，等水一冲出，碗要随时变换距离，以掌握开水量来控制它的厚薄程度，并不使开水外溢，激出糖浆，这是技巧之一。右手要有足够的控制力量，开水一出壶口，正好注入碗内。要一次完成，才能冲熟茶汤，否则滴滴答答注水，茶汤必生，不能吃，那就亏本了。同时也要注意水出得猛的话，会浇在自己手上，烫了自己，也碎了碗，就更不合算了，这是技巧之二。所以卖茶汤没有这些技巧是做不了的。

要说起茶汤的历史，有一家名号不得不提，它就是北京天桥的茶汤李。茶汤李拥有非常悠久的历史，技术精湛、扎实，他家的茶汤

不仅色好，味道更是令人流连忘返，绵软细腻，香气夺人，还于1997年被中国烹饪协会授予首届全国中华名小吃称号，足见其茶汤的美妙。

茶汤李之所以能走到今天，主要在于它的不断创新、与时俱进。它会根据时代的变化、社会的新需求，开发出新的茶汤种类，至今已经研发出十几种。如今，茶汤李将传统工艺与现代科技相结合，研发出了鲜菱角茶、珍珠奶茶、奶昔、圣代等佳品，吸引了更多的顾客。

酸梅汤的由来

酸梅汤，古时候被称为"土贡梅煎"，是老北京传统的解暑饮品。在天气炎热的夏天，老北京人通常会买一些乌梅（或者杨梅）来自行熬制，里边放上些白糖去除乌梅（或者杨梅）的酸味，冰镇以后饮用。

针对酸梅汤的功用和流行，民国时期的徐凌霄描述得最为形象，他在自己的作品《旧都百话》中曾这样描写酸梅汤："暑天之冰，以冰梅汤最为流行，大街小巷，干鲜果铺的门口，都可以看见'冰镇梅汤'四字的木檐横额。有的黄底黑字，甚为工致，迎风招展，好似酒家的帘子一样，使过往的热人，望梅止渴，富于吸引力。昔年京朝大老，贵客雅流，有闲工夫，常常要到琉璃厂逛逛书铺，品品古董，考考版本，消磨长昼。天热口干，辄以信远斋的梅汤为解渴之需。"足见酸梅汤在当时的流行。

说起酸梅汤的历史，可谓久远，可追溯到清朝乾隆时期。乾隆年间的诗人郝懿在作品《都门竹枝词》就曾写过这样的诗句："铜碗声声街里唤，一瓯冰水和梅汤。"

今天老北京人喝的酸梅汤是从清宫御膳房传到民间来的，所以，民间素有"清宫异宝，御制乌梅汤"这样的说法。

清朝时期，酸梅汤在皇宫内十分流行，乾隆皇帝尤其喜欢喝。很多人不禁会问，酸梅汤为什么在清宫这么受欢迎？其实这有着很深的历史渊源。

相传，满族十分喜欢喝酸的东西。当时的满洲人以狩猎为生，肉食是他们的主要食物。为了解除吃过肉食后的那种油腻味，他们发明了酸汤子这种满族食品。所谓的酸汤子，主要原料是玉米面，是玉米面发酵后做成的。满族人在吃完油腻的肉食后，再喝点儿清爽可口的酸汤子，无异于品尝到了人间美味。

后来满族人入关后，酸汤子也随之传到了北京城。由于生活的环境发生了变化，满族人逐渐放弃了狩猎的主要生活方式，所以其饮食方面也随之产生了变化。由于酸汤子的主要原料是玉米面，玉米面的糖分非常高，如果食用过多而运动量较少的话，就会影响身体的健康。针对这一现象，素来喜欢喝酸汤子的乾隆皇帝便下旨改进。

御膳房的厨师们接到乾隆帝的旨意后，丝毫不敢懈怠，赶紧进行研

究，终于熬制出了能替代酸汤子的饮品，它就是我们今天所说的酸梅汤。

酸梅汤的主要做法是将乌梅、桂花、甘草、山楂、冰糖掺杂在一起进行熬制。由于乌梅具有去油解腻的功用，桂花具有化痰散瘀的功用，甘草能清热解毒，山楂能降脂降压，冰糖能益气润肺，所以这几样原料掺杂在一起熬制而成的酸梅汤功用非常大，不仅能够去油解腻，还含有丰富的有机酸、枸橼酸、维生素 B_2 等营养元素。

酸梅汤一经研发成功，就受到了乾隆皇帝嘉许，据说，乾隆皇帝每天都会喝上一碗酸梅汤。乾隆帝对酸梅汤的这份喜爱之情，再加上酸梅汤本身味美、富有营养的特性，吸引了众多的老百姓来品尝酸梅汤，酸梅汤遂逐渐在民间流行起来。

第八章

老北京
风俗娱乐故事

老北京过春节的传统习俗有什么

日落月升，斗转星移，回首往昔，历史为我们留下了太多的系念和玄想，而这"岁时礼俗"就是其中之一。比如，春节习俗成了我国最大的传统民俗节日。春节指的是农历的正月初一，预示着万物复苏、春天降临、新年新开始，所以这个节日向来是中国人最为重视的节日，是最隆重、年事活动最丰富多彩、持续时间也最长的一个民俗节日。在早年的传统中，它从腊月就拉开了序幕，直到元宵节还余声未断，几乎占去了农历腊月和正月的一大半。足见它在中国老百姓心中的分量。

中国老百姓过春节的历史非常久远。据说从夏朝的时候就有这个节日了，那时我们的祖先把农历的正月初一定为一年的岁首。及至西周时期，出现了一年一度欢庆农业丰收的活动。在新旧岁时交替之际，平民百姓都要在家中生火烧暖房子和炕头，用烟熏走老鼠，杀鸡宰羊，全家人团聚在一起，祝酒共贺。及至汉代，将此日定为农历年，并称作夏历年，从此便世代相传延续到今天。也是在汉代，春节的庆贺礼仪才有了正式的仪式，在除夕之夜，民众要举行一种击鼓驱鬼除瘟的舞蹈仪式。但是在那时候，春节并非今天这个名字，而是被称为"元日""元旦"。后来在辛亥革命时期，我国开始施用公历纪年法，才把正月初一正式定名为"春节"。

老北京作为古都，在政治、经济、文化及礼仪等方面深受帝王将相等的影响，所以其关于春节的民俗习情有着独特的个性。就北京地区来说，从腊月初八家家户户要泡腊八醋（蒜），就开始有了"年味"。民谣讲："老太太别心烦，过了腊八就是年。腊八粥，喝几天？哩哩啦啦二十三……"腊月二十三又称"小年"。有一首歌谣唱道："糖瓜祭灶，新年来到，丫头要花，小子要炮……"从这一天开始，北京人更加忙活了，要祭灶，扫房子，蒸馒头，置办年货，贴"福"字，贴年画，剪窗花，贴春联，贴门神，贴挂钱，一直忙活到除夕，开始过大年。

具体来说，老北京人过春节都有哪些传统习俗呢？

（1）大年三十贴春联、上供、"踩岁"。旧历腊月三十日为除夕，俗称大年三十，人们送旧迎新的主要活动都集中在这天进行。为了点缀点景，烘托"纳福迎新"的气氛，家家户户都要贴春联，用红纸写上吉利话，还要贴门神，贴挂钱等。贴完后鞭炮齐鸣，非常热闹！除此之外还要供佛龛、神像，祖宗牌位前摆上九堂大供，家境一般的也要摆三堂或五堂供品。家宅六神，如灶王、财神、土地等都要上供、烧香。因灶王爷腊月二十三日焚化升天去了，这天要请一张新的灶王爷像贴上，以便来年奉祀"保平安"。除此之外还要在院子里铺满松枝、芝麻秸等，名为"踩岁"，取岁岁平安之寓意。

（2）吃年夜饭。除夕的晚上，无论是当官的、做工的都要早点儿回家过年。哪怕远在千里之外的游子，也要赶回家来团圆，合家欢聚已是中华民族传统习惯。掌灯时分，各家各户的人们准备吃年夜饭。老北京人除夕晚上的年夜饭也称团圆饭是必不可少的，也是全年最丰盛的一次家宴。除夕的年夜饭要有荤有素，有冷荤、大件和清口菜。冷荤有冷炖猪、羊肉、冷炖鸡、鸭。大件有：红烧肉、扣肉、米粉肉、红白丸子、四喜丸子。清口菜一般有豆腐、青菜等。主食多以荤素水饺为主。供奉祖宗牌位的还要在供桌前供上一碗"年夜饭"，在饭上插上松枝，在松枝上挂上铜钱，小纸元宝等，宛如一棵摇钱树。刚解放时老北京还残留着一些封建民俗，吃饭之前先要请财神，接灶王。人们摆上供品，燃香点蜡，以求福寿平安生活美满。然后，在阵阵爆竹声中，家人开始吃团圆饭。除夕晚饭家人要齐，所谓"团圆饭"。菜饭尽可能丰富些，预示来年丰衣足食，席间要多说彼此祝愿的话，充满欢乐气氛，这顿饭可以慢慢吃，有的一直吃到深夜，接下来"守岁"。

（3）守岁。老北京人有除夕守岁的风俗，饭后至夜间接神、拜年之前不能就寝，要"守岁"至次日凌晨。守岁最早起源于晋代，主要包含两层意思，年岁大的是在辞旧之际有珍惜时光之意，年轻人守岁则有为父母延寿之意，所以凡是父母健在的人都必须守岁。

（4）吃饺子。老北京人在除夕夜和大年初一这天都要吃饺子，取其"更岁交子之义"。老北京人喜欢把饺子包成元宝形，在饺子中放进糖、铜钱等。如吃到糖的，意味着日后生活甜蜜；吃到铜钱意味着有钱花；吃到花生意味着长寿……这样，一大家子人都会乐开了花。

（5）放鞭炮。大年初一天还没有亮时，老百姓起来后的第一件事就是放鞭炮，取"迎新年，驱邪气"之意。

（6）拜年。老北京有一句话非常流行，那就是"大年初一满街走"，这句讲的是什么呢？讲的就是老百姓大年初一拜年的事儿。拜年一般从家里先开始，全家要先在祖宗牌位前磕头拜年，然后晚辈再给长辈磕头拜年，祝福长辈健康长寿。长辈受拜后，要将事先准备好的压岁钱分给晚辈。给压岁钱的习俗起于清代，为的是体现长辈对晚辈的慈爱之情。家里的拜年活动结束后，还要出门去拜年串邻居，互相说些吉利话。

（7）串亲访友。初一到初五，老北京人会串亲走友、请客送礼、逛庙会、逛厂甸。到了初五也就是北京人口中的"破五"那天，百姓"送穷"、商人"开市"。

（8）娱乐活动频繁。在老北京，每逢春节的正月初一到十五，是文化娱乐活动最频繁、最火热的时段。那时候，京城里的戏园子会人满为患。八大庙会也盛况空前、游人不断，而且各个庙会都有独特的地方。西郊的大钟寺庙会，人们击打永乐大钟，用钟声迎接新岁的来临；白云观庙会，可以摸石猴、打金钱眼，用娱乐活动寄托对来年美好生活的希冀与憧憬。除此之外还有很多走街串巷的高跷会、小车会。可以说，那些天整个京城都弥漫在一片欢乐、祥和的氛围里。

每个老北京人的心目中，都有一份对春节的念想。春节作为一种传统的民俗文化，蕴含着家人团聚的温馨、辞旧迎新的喜悦，已经扎根于老北京人的心里。也正因为这份绵延不断的念想，春节这个传统的节日才能延续两千多年至今，相信它还会继续在京城延续下去，给北京人带来欢乐和幸福。

老北京关于"春联"都有哪些讲究

"新年新月共新春，花红对联贴满门"。每逢春节时张贴春联是老北京民间传统习俗，几乎家家都忘不了往大门上贴一副春联。在爆竹声声中，家家户户的人儿喜笑颜开地相互簇拥着，把大红纸写成的春联贴到门框上或门心里。一幅、两幅、三幅……不一会儿，大街小巷里就贴满了喜庆的春联。春联不仅美化了北京这座古城，还为老北京人带来了喜气和春意。

春联，也被称为"门对""春贴"，是对联的一种，因在春节时张贴，所以被称为"春联"。春联是一种在春节时使用的传统装饰物，它以工整、对偶、简洁、精巧的文字描绘时代，抒发美好愿望，是中国的文学形式。每逢春节，人们都会贴春贴，以增加节日的喜庆气氛。

说起春联的历史，还很久远呢。据说最早起源于古代的桃符。什么是桃符呢？据《后汉书·礼仪志》所载，桃符长六寸，宽三寸，桃木板上书降鬼大神"神荼""郁垒"的名字。"正月一日，造桃符著户，名仙木，百鬼所畏。"具体是指，在古代的神话传说里，东海度朔山有大桃树，在大桃树的下面生活着两位神仙，分别是神荼和郁垒。这二位神仙神通广大，能辟百鬼。老百姓便认为桃木能够帮助驱鬼，人们将桃木制成两块木板，左边一块绘上神荼的像，右边一块绘上郁垒的像，绘有二位神像的桃木板就是"桃符"。每逢过年的时候，老百姓就将这两块桃符放在家门口两边，用来驱鬼辟邪。

对此，清朝的《燕京时岁记》也曾经有记载："春联者，即桃符也。"

及至五代十国时期，当时的宫廷里流行在桃符上题写联语。《宋史·蜀世家》记载：后蜀主孟昶令学士辛寅逊题桃木板，"以其非工，自命笔题云：'新年纳余庆，嘉节号长春'"，据说这便是中国的第一副春联。由此可知，在这个时候，桃符就是我们日后所说的春联。

一直到宋代前期，春联都被称为"桃符"。我国著名的诗人王安石就曾经在自己的诗中提到过桃符，诗曰："千门万户曈曈日，总把新桃换旧符"。但是在宋朝的中晚期，"春联"这个名称渐渐地叫开了。名称的改变主要是源于用材的变化——由桃木板改为纸张。随着纸桃符的流行，桃符渐渐地称为"春联"了。

到了明代，民间贴春联之风已很盛。据说春联的流行还得益于明太祖朱元璋的大力提倡呢！据史书记载，朱元璋酷爱对联，不仅自己挥毫书写，还常常鼓励臣子书写。他在金陵（今天的南京）定都后，在一年的除夕前下了一道谕旨："公卿士庶家，门上须加春联一副。"第二天，朱元璋开始微服私访，在城内观赏各家对联，以为娱乐。后来他发现有一家的门上没有贴春联，过去一问才知，原来这家主人是个屠夫，他不会写字，还没有来得及请人代写。朱元璋听后，立即叫侍从取来文房四宝，当场为这家书写了春联。朱元璋此举被后人传为佳话。在朱元璋的影响下，当时的文人墨客也把题联作对当成文雅的乐事，写春联便成为一时的社会风尚，一直延续到现在。

在老北京人的心目中，春联不仅是节日的装饰，也是人们对未来的寄托，对新春的祝颂。以前，还兼有打广告的作用呢！那时候，各个行业都会想办法利用春联来招揽顾客并宣传自家的生意。由于店铺经营内容的不同，其春联的内容也会有不同，如药铺常用的春联是"调剂有方俾相业，虔修有法体天心"，绸缎庄常用的春联是"此中多锦绣，以外无经纶"，粮店常用的春联是"风雨调合岁月，稻粮狼藉丰年"，酒店常用的春联是"香闻十里春无价，醉卖三杯梦亦甜"……这些春联无不表达了大家对美好未来的寄托和向往。

　　按照各地习俗的不同，贴春联的方法也稍有差异。这里介绍一下老北京贴春联的讲究。

　　选择上是有讲究的。老北京人认为，要根据场地、爱好和主人身份的不同而选择不同的联语，如老年人住的屋子要选择张贴那些带有"福禄寿"词语的春联，小孩子住的屋子要选择张贴那些带有"学习、成才"等字眼的春联，而夫妻住的屋子要选择张贴那些带有"恩爱、和睦"等字眼的春联……院子里的大树需贴上类似"树大根深"字眼的春联，院子里的墙面需贴上类似"春光明媚"字眼的春联，家里靠炕的墙上需贴上类似

"幸福健康"字眼的春联，厨房里需贴上类似"勤俭节约"字眼的春联，等等。

关于"二十四，扫房子"的说法和门道

在老北京城，流传着这样一句民谚，那就是："二十四，扫房子。"意思就是在腊月的二十四日这天，京城的家家户户都要清扫房屋，为迎接过年做准备。

从古至今，老北京民间一直沿袭着腊月二十四这天"扫房"的习俗，腊月二十四这天也因此称为"扫房日"。这天，或者这天的附近几天里，家家户户都要打扫房屋，清洗各种器具，拆洗被褥窗帘，洒扫庭院，掸拂尘垢蛛网，疏浚明渠暗沟，整个北京城各处都洋溢着欢欢喜喜搞卫生、干干净净迎新春的气氛。

为什么要有"扫房日"呢？主要是因为平时大家工作都非常忙，几乎没什么时间进行家庭大扫除。一年下来，房子难免会落下灰尘。另一方面，按照老北京人的说法，"尘"与"陈"谐音，在农历正月新年前，扫去家中的一切尘土，意味着去除旧一年的陈旧东西，把不好的"穷运""晦气"统统扫出门，以此来迎接新的一年。这一习俗充分寄托了人们破旧立新的美好愿望和辞旧迎新的热切祈求。

其实，关于春节扫房子的习俗，有着悠久的历史。据史料记载，远在尧舜时代，人们就有这种年终扫除的习惯了。《吕览注》中说："岁除日，击鼓驱疬疫鬼，谓之逐除。"这种岁末大扫除还有驱除疫病的含义。

　　春节扫房子的习俗在唐宋时期非常盛行，宋人吴自牧在其所著的《梦梁录》中说："十二月尽……士庶家不论大小，俱洒扫门闾，去尘秽净庭户……以祈新岁之安。"《清嘉录》卷十二也有这样的记载："腊将残，择宪书宜扫舍宇日，去庭户尘秽。或有在二十三日、二十四日及二十七日者，俗呼'打尘埃'。"由此可见，腊月二十四"扫房日"其历史之悠久。

　　如今，"二十四，扫房子"的习俗依然存在，但形式上有了很多变化。在以前的腊月二十四这天，是家家户户的"家庭卫生日"：全家老小都会行动起来，拿扫帚的拿扫帚，拿鸡毛掸子的拿鸡毛掸子，集中力量"大扫除"。如今，随着小家庭的普及，更多的是一家三口在自己的小家里打扫打扫，没有了以前那种大家庭"七八口人全上阵"的热闹。

　　令人欣慰的是，不管扫房子的形式发生了什么变化，但是"二十四，扫房子"这一约定俗成的习俗仍在北京城传承着。这也可以说人们沿袭的是中华民族一种抹不去的过年情结。

老北京人买年货都买什么

古时候，老百姓喜欢把过年和庆丰收联系在一起，所以上至官府下至百姓都对过年非常看重。北京作为古都，对过年的情结更浓，讲究更多。

《京都风俗志》云："十五日以后，市中卖年货者，星罗棋布。"北京年货种类之多是全国各地都比不了的。

但都说北京年货种类多，到底是哪种多法呢？

老北京曾经流行一个民谣，即："糖瓜祭灶，新年来到，姑娘要花，小子要炮，老太太要新布衫，老头儿要顶新毡帽。"《春明采风志》也有这样的记载："琉璃、铁丝、油彩、转沙、碰丝、走马、风筝、鞑毛、口琴、纸牌、拈圆棋、升官图、江米人、太平鼓、响葫芦、琉璃喇叭，率皆童玩之物也，买办一切，谓之忙年。"上述资料中所提及的年货种类固然不少，但还遗漏了很多重要的种类，如家家都要买的爆竹等。

老北京人买年货都买些什么呢？老北京备年货一进腊月门儿就开始了，首先是准备熬"腊八粥"时用的腊八米及泡"腊八醋"用的米醋及大蒜；腊月二十三要买"祭灶"用的关东糖；接着开始备猪肉、羊肉、鸡鸭、猪头。一些家庭则喜欢买野兔、山鸡、活鱼、冻鱼。除此之外，还有很多很多。

吃喝食品。吃喝食品是年货中的重头戏，一方面是因为旧时候不像现在生活水平高，那时候的人们肚里油水少，全盼着年节改善；另一方面是因为过年到"破五"前，大部分商店都不开业，不备足吃喝万万不可。所以，老北京人最爱备的就是各种吃食，如鸡鸭鱼肉、年糕糖果、炒瓜子、炒花生、时令蔬菜等。

穿戴用品。过去，小孩子最盼的就是过春节了，因为在这个时候可以

穿上新衣服，戴上新帽子。对成年人来说也是如此。所以老北京人的必备年货之一就是穿戴用品了。即便是那些经济不好的人家，买不起新衣服，也会通过以旧改新的方式，让家人在过年时换上"新"衣服。过年时，妇女们都爱戴绒花。绒花、绢花是节日里供妇女佩戴的。绒花有福寿字的、双喜字的、聚宝盆和蝙蝠形式的，均为全红色，配上小片金纸的装饰。还有用于供花的纸制红石榴花（也有老年妇女把它戴在头上）。

年画、春联、元宝。过年了，老北京人还会买年画、春联、元宝这三样东西。元宝是一种民间手工艺品，一根钎子上糊有两片金纸叶子，状如元宝，过年时插在黄白年糕上当供花用；早些年，年画大部分都是木版水彩印刷的，分为着色，套色两种，内容多为象征福、禄、寿、禧，吉庆有余，平安如意；春联是几乎家家户户都要买的，临近春节，集市上到处可见摆卖年画的摊子，经营此业的大体上有两种人：一是学堂里的塾师和学生；二是一些赋闲的文人。

一进腊月，北京城的大部分街道都拥挤不堪，里头挤满了置办年货的人，但各种东西的价格也都涨了不少，商人趁机做一笔好生意，所以民间有"腊月水土贵三分"的说法。但不管年货的价格是涨了还是跌了，不变的依然是老北京人置办年货时的那种喜气。

老北京"拜年"的门道有哪些

拜年是北京城的传统习俗，是老北京人辞旧迎新、相互表达美好祝愿的一种方式。时代发展、科技进步，拜年的"包装"日渐更新换代，但是，老北京人过年的传统、拜年的习俗和在这传统与习俗中蕴含的对亲友的祝福、对新年的期望，并未随着公元纪年数字的增加而减少、淡化。

据说，"拜年"习俗的产生与一个传说故事有关。相传在很久很久以前，有一个怪兽，它的名字叫作"年"，它每逢腊月三十的晚上都会出来吃人，将老百姓弄得人心惶惶。后来，老百姓为了安抚它，想出了一个办法，就是在每年的腊月三十晚上，便备些肉食放在自家门外，然后把大门关上，躲在家里，直到初一早晨，"年"饱餐之后扬长而去，大家才开门相见，作揖道喜，互相祝贺未被"年"吃掉。久而久之，这种习俗流传开来，称为"拜年"，一直流传到了现在。

说起拜年的历史，还很久远呢！

据说，拜年之风，汉代的时候就已经有了，唐宋时期比较盛行。据史料记载，在宋朝时期，还衍生出了"飞帖"这一重要的拜年方式。所谓"飞帖"，主要是指倘若坊邻亲朋太多，自己难以亲自登门遍访，就派仆人拿一种用梅花笺裁成的二寸宽三寸长，上面写有受贺人姓名、住址和恭贺话语的卡片前往代为拜年。这种拜年方式被称为"飞帖"。所以，那时候家家门前都会贴上一个红纸袋，上面书写"接福"二字，专门用来盛放飞帖。对此，宋人周辉在其所著的《清波杂志》中就曾经有描述："宋元祐年间，新年贺节，往往使用佣仆持名刺代往。"如今逢年过节比较流行的赠送贺年片、贺年卡，就是这种古代互送飞帖的遗风。从保护自然资源出发，现在虚拟拜年也开始大行其道了。

在旧京，老北京人拜年都有哪些讲究呢？

（1）遵循合理的拜年顺序，即先近后远。

第一是先从家里的长辈开始，大年初一早起后，晚辈要向长辈拜年，施礼时要从辈分最高的开始。长辈受拜后，要将事先准备好的压岁钱分给晚辈。

第二是在给家中长辈拜完年以后，接着就应该外出向本家亲戚拜年了。其中，初一或者初二必须到岳父母家，并需带礼物，一般要逗留、吃饭。

第三是礼节性的拜访，如给同事、朋友拜年。到同事、朋友家拜年，一般不宜久坐，寒暄问候几句便可告辞。主人受拜后，应择日回拜。

第四是串门式的拜访。对于左邻右舍，拜年的方式比较简单，进院门见面后彼此一抱拳，随声说道恭喜发财、万事如意，然后到屋里稍坐一会儿而已，无甚过多礼节，意思到了即可。

（2）到亲朋家拜年，必须带礼物。到亲朋好友家拜年，是不能空手去的，必须要备有礼物。礼物中不能缺的是点心匣子和糙细杂拌儿。点心匣子，富裕的人家一般送蒲包装的，上面铺一层油纸和红纸，里面装的是大小八件，分两包提着。穷人家一般会送纸盒装的，里面装一些槽子糕、馒头什么的，但无论里面东西多少，上面那一层红纸是不能少了的。糙杂拌儿指的是花生、瓜子、核桃粘之类的坚果，细杂拌儿指的是北京蜜饯、炒红果等。

（3）拜年仪式有学问。老北京人拜年的通常仪式是：一为叩拜，主要是晚辈向长辈叩拜，在叩拜的时候要跪拜磕头；二为躬身作揖，主要是晚辈向长辈拜年用。先是双手抱拳前举，然后用左手握右手，俗称吉拜。行礼的时候不分尊卑，拱手齐眉，上下加重摇动几下，重礼可作揖后鞠躬；三为抱拳拱手，主要是平辈人之间拜年用。先是以左手抱右手，自然抱合，松紧适度，然后再拱手，自然于胸前微微晃动，不宜过烈、过高；四为万福，主要是妇女拜年时用。右手覆左手，半握拳，附于右侧腰肋间，上下微晃数下，双膝微微下蹲，有时边行礼边口称万福；五为鞠躬，这种拜年方式既可以晚辈给长辈拜年时用，也可以平辈人拜年时用，还可以男女相互拜年时用。

（4）拜年礼节。旧时，老北京人拜年比较讲究这样的礼节，即到人

家拜年，首先要冲着佛像、祖宗牌位和长辈三叩头，然后才是相互作揖拜年。

　　拜年既是一种老礼儿，也是一种人情。中国文化推崇含蓄，有些平日不便表达或不好意思表达的情感，均可借拜年之机抒发一下。人们抱抱拳、拱拱手、道一句"给您拜年"，一切都很简单，事实上却是一种仪式。在这种简单的仪式中，平日里的误会、不满化作祝福、赞美，使得人与人之间的距离被拉近、整个社会的氛围更和谐。

老北京的年画

老北京年节的民谣："二十三，糖瓜粘；二十四，扫房子。"扫房以后就该贴新年画了。

"画儿，买画儿嘞！"每年一进腊月，老北京胡同里便经常充斥着这样一种悠长的叫卖声。只见卖画的小贩身背一个长方的苇帘包的包袱，用一根根儿挑着系包袱的绳子，边走边拉着长声吆喝。如果有人要买，他便将包卷的苇帘展开，露出鲜艳夺目的年画儿来。一路走下来，来买年画的人有很多，因为，老北京人在这一年一度的欢庆日子里，都喜欢用年画点缀一下居室，表达家人对美好生活的期待。

年画是中国画的一种，是中华民族祈福迎新的一种民间工艺品，是一种承载着人民大众对未来美好憧憬的民间艺术表现形式。历史上，民间对年画有着多种称呼：宋朝叫"纸画"，明朝叫"画贴"，清朝叫"画片"，直到清朝道光年间，文人李光庭在文章中写道："扫舍之后，便贴年画，稚子之戏耳。"年画由此定名。

年画大都用于新年时张贴，装饰环境，含有祝福新年吉祥喜庆之意，因一年更换，或张贴后可供一年欣赏之用，故名。

年画是我国的一种古老民间艺术，和春联一样，起源于"门神"画。据传说，在很久很久以前，鬼魅横行，危害百姓。有两位名叫神荼、郁垒的兄弟为了解救百姓于水火之中，专门监督百鬼，凡发现有害的鬼便将其绑起来去喂老虎。黄帝听说了这个故事后，便命令各家各户在大门外张贴神荼、郁垒的神像，用来防止鬼魅入侵。这个故事就是后来"门神"画产生的缘由。关于"门神"画，还有一段有趣的传说呢！在唐太宗李世民时期，泾河龙王因违背天规而被玉皇大帝降旨处死，这个旨意的执行人就是民间唐代重臣魏徵。泾河龙王得知旨意执行人是魏徵之后，便来到唐太宗的梦中，请求他在自己被斩首之际拖住魏徵，唐太宗答应了他的请求。斩首泾河龙王的日子到了，唐太宗在这天故意降旨请魏徵前去皇宫下棋，魏徵没有办法，就来到了皇宫。可是在下棋的过程中，他身体虽然在皇宫里，但魂灵渐渐地进入了自己的梦中，在梦里赶去将泾河龙王斩首示众。泾河龙王的魂魄非常气恼唐太宗，经常去找他索命。唐太宗因此生了一场大病，在梦里经常听到鬼哭神嚎之声，以致夜不成眠。就在这时候，大将秦叔宝、尉迟恭两人自告奋勇请求保护唐太宗，免其遭鬼魂侵扰。唐太宗非常感动于两人的行为，答应了他们的请求。他俩便昼夜不分地全身披挂，站立宫门的两侧。泾河龙王的魂魄害怕秦叔宝、尉迟恭两位将军的威严，便不敢侵扰唐太宗了。唐太宗的病也很快便好了。日子久了，两位将军由于日夜不息，逐渐支撑不下去，不能守夜了。唐太宗感念两位大将的辛苦，心中非常过意不去，便命画工将他两人的威武形象画下来，贴在宫门上，以此恐吓泾河龙王的魂魄，后世人称两位将军的画像为"门神"。后来，贴门神的习俗就慢慢地流传了下来。

据东汉蔡邕的《独断》记载，汉代，民间就有门上贴"神荼""郁垒"神像的习俗。但从汉代到北宋的一千多年中，年画几乎都是手绘的，用木版印刷年画是从宋神宗熙宁五年（1072 年）才开始的。那时，神宗皇帝命令将宫中收藏的、吴道子手绘的钟馗像摹拓制版，印刷成年画，在除夕之夜分赐给亲近的大臣。这是用木版印刷年画的最早文献记载。后来，民间争相仿效，几经演变，形成了自己的独特风格，便是现在的年画了。

由于老百姓家家都喜欢在过年的时候贴年画，所以买卖年画的人非常多。每年一进腊月，前门外打磨厂、琉璃厂一带的书画店铺，各庙会上的年画摊儿，街边搭起的卖年画的席棚，还有新华书店的店堂里，都悬挂起琳琅满目的各种年画，成为京城五彩缤纷的一道风景。

早期的年画大都是来自天津的杨柳青和河北的武强县这两个北方传统的木版年画产地。木版年画多数与"神"有关，如门神、灶王、财神等，此外还有美女、娃娃、戏曲人物等。直至20世纪40年代，因机器大量印刷使得价格便宜的胶印年画代替木版年画成为老百姓的首选。与木版年画相比，胶印年画的题材非常广泛，表现故事内容的，有"司马光砸缸""许仙送伞""张生与崔莺莺""王祥卧冰"等；表现吉庆的，有"吉庆有余""麒麟送子""花开富贵""五子登科"等；表现动物、花卉的，如"白猿献寿""金鱼戏水""四季花开"等。其中当时最流行的一种是"月份牌年画"，深受老百姓尤其是妇女们的喜爱，因为上面绝大多数画的是"摩登美人"、古代仕女，风格清新、活泼、温馨。及至20世纪50年代，老北京人过年贴年画的习俗仍在，但年画的面貌已经有所改变，从画

法上看，吸收了国画、油画、水粉画以及摄影等艺术形式，从内容上看，多为表现生产劳动、新人新事新风貌的画面。及至 20 世纪六七十年代，由于社会形势的变化，年画的内容也有了质的变化。

然而，随着时代的前进，以及京城老百姓居住环境的变化，年画作为传统的贺年方式，离人们的生活渐行渐远，逐渐成为老北京年景的追忆内容。实在令人深感惋惜！但童年贴年画，赏玩年画的快乐，却永远地留在了老一辈北京人的记忆中。

老北京元宵节的习俗

在旧时候，每逢元宵节，北京城可谓万人空巷，无论是达官显贵还是平民百姓，无论是书生学士还是老人小孩，一概上街观灯。各个店铺均自发地挂出各种花灯，有的还挂出灯谜，猜中的奖赏一些鲜果、小吃等物。那几天酒肆茶楼和其他娱乐场所的生意也都很红火，整个京城，街上院内，到处张灯结彩犹如白昼，热闹非凡。

说起老北京人庆祝元宵节的风俗，可谓形式众多。

赏灯。要说老北京的元宵节，最重要的活动当然是赏灯。京城赏灯的历史非常悠久，据史料记载，明朝时期，北京城就非常流行元宵夜赏灯。那时的灯市多集中在东城的灯市口。元宵之夜，街道两旁的店铺，个个都张挂着各式各样的花灯，有绢纱、烧珠、明角制成的，也有麦秸、通草制成的，上面绘有古代传说故事，如列国、三国、西游、封神、水浒等，或花卉如兰、菊、梅、竹等，或飞禽走兽如鸾、凤、龙、虎、虫、鱼等，不仅形态逼真，还颜色靓丽，引得众多游人观赏。清朝的时候，灯市遍布整个北京城，其中最繁华、规模最大者有东四牌楼、西四牌楼、地安门、鼓楼、正阳门、厂甸。那时的老北京人来到灯市，不仅是为了欣赏花灯，也是为了购买日用品。因为，每逢元宵之夜，很多精明的商家都会趁机搞降价促销活动，人们一边赏花灯，一边购买日用品。

猜灯谜。猜灯谜是老北京人庆祝元宵节的传统习俗，是指将谜语写在灯上，让人猜解。这里的谜语讲求一定的格式，需运用巧思才可以制出十分高妙的内容来，是中国独创的文学艺术，这种庆祝方式使得元宵节颇具文化气息。由于灯谜都难以猜中，如同老虎难以被射中一样，所以老北京人也喜欢将猜灯谜活动称为"灯虎"或者"文虎"。关于这个风俗，还有很多有意思的故事呢！其中一则与清朝乾隆皇帝有关。相传在一年的元宵节，乾隆带领一群文武大臣来到京城的街上赏灯。他看到灯上写着很多灯谜，便有意让大臣们猜。看到高兴时，他自己也出谜联让大臣们猜，把大臣们惹得紧张兮兮，他自己却得意扬扬。大学士纪晓岚见大臣们都被乾隆的谜语给难住了，也想故意为难下乾隆。于是他稍思片刻，就在一个宫灯上写下了如下一副对联："黑不是，白不是，红黄更不是。和狐狼猫狗仿佛，既非家畜，又非野兽。诗不是，词不是，《论语》也不是。对东西南北模糊，虽为短品，也是妙文。"乾隆看了，猜了半天也没有猜出来，最后还是纪晓岚自己揭了谜底：猜谜。乾隆那得意扬扬的"气焰"顿时给消了几分。

吟灯联。元宵夜赏灯是老北京的重要习俗。在赏灯的同时，老北京人不仅可以猜灯谜，还有一个"吟灯联"的习俗。元宵之夜，很多人家都会在自家大门或显眼的柱子上镶挂壁灯联、门灯联，上面书写了很多有趣的对联，不仅为元宵佳节增添了节日情趣，也为赏灯的人们增加了欣赏的内容。在灯火通明的元宵之夜，走在热闹的街上，吟咏各家门前的灯联，是件多么惬意的事啊！关于"吟灯联"的习俗，还有不少脍炙人口的传说呢！其中一则与明成祖朱棣有关。相传，在某年的元宵之夜，朱棣微服私

访。走着走着，偶遇了一个秀才。这名秀才非常有才华，朱棣和他谈得十分投机。为了试试该秀才的才情，朱棣出了上联，联云："灯明月明，灯月长明，大明一统。"谁知那秀才竟不假思索地对出了下联"君乐民乐，君民同乐，永乐万年。""永乐"是明成祖的年号，朱棣听了该秀才的下联，非常喜欢，觉得他是个难得的人才。

吃元宵。元宵佳节，老北京人除了赏灯、猜灯谜、吟灯联外，还要吃元宵。元宵以白糖、玫瑰、芝麻、豆沙、黄桂、核桃仁、果仁、枣泥等为馅，用糯米粉包成圆形，可荤可素，风味各异。可汤煮、油炸、蒸食，有团圆美满之意。清朝康熙年间，御膳房特制的"八宝元宵"，是名闻朝野的美味。马思远则是当时北京城内制元宵的高手，他制作的滴粉元宵远近驰名。符曾的《上元竹枝词》云："桂花香馅裹胡桃，江米如珠井水淘。见说马家滴粉好，试灯风里卖元宵。"诗中所咏的，就是鼎鼎大名的马家元宵。说起元宵，还有一点不能不提，那就是远在清朝的时候就有奶油馅的元宵了。北京的元宵从清朝至今变化不大，清朝的元宵主要有山楂白糖、白糖桂花、枣泥松仁、豆沙四种馅。除这四种外，还有一种奶油馅的元宵深受老北京人的欢迎。

吃干菜馅饺子。元宵佳节，老北京人除了吃元宵，还吃干菜馅饺子。干菜就是把新鲜的蔬菜晾成菜干，包饺子的时候，用煮肉的肉汤把干菜煮一下，发起来，然后再做馅。干菜馅饺子别有一番风味，很多人家都会在这天包一些。不过，元宵吃干菜馅饺子的风俗如今已经很少见。

"烧火判儿"。除了吃干菜馅饺子这一风俗习惯已经在京城消失之外，还有一种老风俗也已经消失了，它就是"烧火判儿"。"烧火判儿"是旧京元宵节里的一个重要观赏项目。所谓"判儿"，是指判官，其内部是一个炉膛，里面装上煤，点上火，判官被烧得浑身通红，火焰从判官的七窍中喷冒出来，煞是好看，惹来大批群众围观。在旧京的元宵佳节，京城的很多店铺都售卖这种用泥塑成的"判官"。据说，当时京城最有名的"烧火判儿"的地儿是如今平安大道路北侧的城隍庙。

老北京人怎么过端午节

"榴花角黍斗时新，今日谁家酒不樽。堪笑江湖阻风客，却随蒿叶上朱门。"宋代诗人戴复古的这首诗，生动形象地写出了古代人们欢庆端午节的情景。

农历五月初五是端午节。端午节在北京人眼里是个大节，是同正月春节，八月十五中秋节并列的"三节"。古文中的"端"是正的意思，而农历五月按地支顺序纪月为午月，故五月初五被称为端午节。唐代韩鄂的《岁华纪丽》曰："日叶正阳，时当中夏。"因"午"时为阳辰，故"端午节"又称"端阳节"。又因其月、日均为"五"，五五相重，故俗称"重五节"，而老北京人习惯叫"五月节""粽子节"。

百本张岔曲《端阳节》中，对老北京过端午节的习俗，有段很生动的描述："五月端午街前卖神符，女儿节令把雄黄酒沽；樱桃、桑葚、粽子、五毒；一朵朵似火榴花开瑞树，一枝枝艾叶、菖蒲悬门户；孩子们头上写了个王老虎，姑娘们鬓边斜簪五色绫蝠。"端午节经几千年的传承，有很多习俗，如吃粽子、挂戴蒲艾、饮雄黄酒、吃五毒饼、身佩香囊洗浴、贴钟馗像、野游避灾、赛龙舟、接女儿回家等习俗。

这里着重介绍其中具备典型意义的几种习俗。

吃的习俗。万物复苏的五月，是时新水果如樱桃、桑葚、石榴盛行的时节。明末《烬宫遗录》就有这样的句子："四月尝樱桃，以为一岁诸果新味之始。"五月端午节时，正是樱桃大批上市的时节，所以北京人流行端午节吃樱桃。除了樱桃外，还有火红的石榴、酸甜的桑葚。老北京人认为吃了黑桑葚不招苍蝇。除了吃时令水果，北京人过端午节时，还有吃粽子的习俗。其中最流行的是黄米小枣粽子。北京地区的端午粽子是用苇叶包裹的黄米小枣粽子，以密云产的小枣最有名。除了时令水果和粽子外，还有一种食物在老北京人中非常流行，那就是玫瑰饼。玫瑰饼是北京的特产。《春明采风志》云："玫瑰来自北山玫瑰沟……四月花开，沿街唤卖。"玫瑰饼主要是在端午节那天用来给神佛和祖先上供的，供完撤下来后就成了全家人的食品。玫瑰饼用玫瑰花和蜂蜜拌匀做馅，制成饼，上火烙，名曰端午饽饽。

佩戴饰品。在端午节那天，老北京人喜欢在身上佩戴五彩粽子、小物件和香囊。佩戴五彩粽子主要是为了祈福增寿。五彩粽子的内壳是用硬纸叠成的，外面缠上五彩丝线，连成一串。除了五彩粽子外，还有用绫罗制成的小老虎，缝制的樱桃、桑葚、茄子、豆角、辣椒、梨……端午节这天，将这些可爱的小物件佩戴在身上，增添祈福增寿的节日气氛。另外，在端午节那天，老北京人还有佩戴香囊的习俗。香包又叫香囊，是荷包的一种。农历里五月，天气渐热，多雨潮湿，蚊虫滋生，人容易出汗，因此从端午节起，不分男女老幼，都佩戴内装檀香、芸香、冰片、朱砂等香料、中药的香包，用来驱避蚊虫，消除秽气，并使人身体清爽芬芳。

插艾蒿。在北京，民间信仰认为五月为毒月，初五又是毒日。所以在端午节，老北京人有在院门前和房檐下插艾蒿的习俗，他们认为艾蒿气味能去除蚊虫和妖魔鬼怪。明朝人刘侗在《帝京景物略》中说："插门以艾，涂耳鼻以雄黄，曰避毒虫。"意思就是指艾蒿具有药用功能。

关于端午节插艾蒿的习俗，还有个传说故事呢。

古时候，天上的玉皇大帝为了更好地体察民情、勘察人心，便派了一名天官来人间查访。这名天官于是假扮成卖油翁的模样，在村里面吆喝："一葫芦二斤，两葫芦三斤。"村民听到他的吆喝后，争着抢着来买他的油。这么多人中，只有一个老头儿提醒他算错了账。将油卖完后，假扮成卖油翁的天官便对这位老头儿说："最近村里会发生一场瘟疫，你在端午节那天，在你家门口插上艾蒿，到时候艾蒿可以帮助你躲避这场瘟疫。"老头儿是个善良的人，他听了卖油翁的话后，赶紧将这个消息告诉了村民。在端午节那天，家家户户的门前都插上了艾蒿。最后，村里面的人都躲过了这场瘟疫。后来，端午节插艾蒿的习俗被流传了下来，寓意"躲瘟避难"。

斗百草。端午节，老北京还有"斗百草"的习俗。斗百草是一种游戏，参加游戏的人两人相对站立，双手持草，各持一草或花茎的两端。游戏开始后，二草相勾，双方各自把草向自己方向拉，谁的草或花茎被对方

拉断谁为输，然后用"打赢家"的顺序赛下去，直至选出最后胜利者。那种能"斗"倒各草的"选手"，则成为大家公认的当日"百草王"。

耍青。在旧京，端午节还有"耍青"的习俗。在端午节，南方有赛龙舟的习俗，北京因缺少大江大河，所以《帝京景物略》中说："无竞渡俗，亦竞游耍。"这就点明北京人在端午节期间虽不赛龙舟，却有外出游玩"耍青"的习俗。五月是初夏时节，整个北京城春意盎然、空气清新，十分适合出游。那时的天坛、金鱼池、高梁桥等地都是游人汇集的地方。清初人庞垲《长安杂兴》诗："一粒丹砂九节蒲，金鱼池上酒重沽。天坛道士酬佳节，亲送真人五毒图。"说的就是当时的场景。

贴葫芦花以避"五毒"。这里的"五毒"指的是蝎子、蛤蟆、蜘蛛、蜈蚣、蛇。老北京人喜欢葫芦，因为葫芦是"福禄"的谐音。北京人又喜欢剪纸，用红色毛边纸剪成葫芦，里面收进"五毒"图案，象征镇邪的宝物把"五毒"均收入肚里给镇住了。这种宝葫芦剪纸，称为"葫芦花"。葫芦花据说能避"五毒"，五月初一贴出，五月初五午时撕下扔掉，称为"扔灾"。

绒花簪头。明代于有丁在《帝京午目歌》中写道："都人重五女儿节，洒蒲角黍榴花辰。金锁当胸花作簪，衫裙簪朵盈盈新。"这说的是端午节的另一习俗，即"绒花簪头"。端午节期间，妇女们头簪绒花，也是旧京风俗。端午节这天，家家户户都要给女孩子头上簪以石榴花，还用花红绫线结成樱桃、桑葚、角黍、葫芦等形状，以线贯穿，佩戴在女孩身上，以示吉祥。所以，端午节这天又被称为"女儿节"，而且是明代就已经这样叫了。明朝人沈榜在《宛署杂记》中记道："燕都自五月一日至五日，饰小闺女，尽态极妍。已出嫁之女，亦各归宁，俗呼是日为'女儿节'。"

老北京中秋节的习俗

"八月十五中秋节，水果月饼摆满碟。"这句名谚道出了老北京隆重、喜庆的过节情景。

农历八月十五，恰逢三秋之半，故称中秋节。中秋节是仅次于春节的中华民族的传统节日。中秋节的名称有许多，比如八月节、月夕、月节、秋节、八月会、仲秋节、追月节、玩月节、拜月节、女儿节、果子节、丰收节、兔儿爷节等。又因为八月十五为秋季之中，故也称仲秋节。古人把月圆视为团圆的象征，所以中秋节又称为"团圆节"。

中秋节与月息息相关，人们对月的崇拜由来已久。秋分祭月始于周代，中秋赏月始于魏晋盛于唐。唐代时，已经形成了一种民间习俗，即在八月十五固定的时间内，有了特定的内容，如全家团聚、赏月、玩月……并得到了百姓的认同和参与。这就完全符合了民俗节日的性质。及至宋朝年间，八月十五正式被定为中秋节。北宋苏东坡的诗作《水调歌头·明月几时有》，正是关于中秋节的千古绝唱，其中的"但愿人长久，千里共婵娟"一句在如今可谓家喻户晓。

老北京中秋节的习俗有很多，这里介绍以下几种：

（1）吃月饼。谈到中秋节，必然要说到月饼。中秋节吃月饼由来已久，据说中国最早出现月饼的文字记载，是出于苏东坡的诗句："小饼如嚼月，中有酥和饴。"也就是说从宋代时起，月饼才渐渐地大行其市，圆圆的月饼正好有团圆的圆的象征意思，万里此情同皎洁，一年今日最分明。

过去，老北京人吃的月饼主要有三种，分别是自来红、自来白、提浆月饼（即团圆饼）。"翻毛""癞皮"和广东月饼是后来才出现的。但是上供用的月饼，必须是"自来红"，而不能是"自来白"。除了买一些时兴的月饼外，老北京人还喜欢自制月饼。沈榜在《宛署杂记》中就记述了明代北京中秋制作月饼的盛况：坊民皆"造面饼相遗，大小不等，呼为月饼"。因为北京中秋节月亮升起来都比较晚，大概得等到晚上九点多钟才会升起。这时候，人们就在四合院摆上桌子，边喝茶，边吃月饼。

（2）供兔儿爷。兔儿爷是老北京中秋时令的传统物件，它的"家"在花市外的灶君庙，是北京本土的神仙。兔儿爷是泥做的，兔首人身，披甲胄，插护背旗，脸贴金泥，身施彩绘，或坐或立，或捣杵或骑兽，竖着两只大耳朵，亦谑亦谐。有曲为证："莫提旧债万愁删，忘却时光心自闲。瞥眼忽惊佳节近，满街挣摆兔儿山。"过中秋，家里摆个兔儿爷像，确实很有过节的气氛。

兔儿爷起源于明末，最开始的时候是仿照"月光马儿"上的玉兔形象制作而成的，在中秋节晚上用来祭月，上供过后，小孩子就可以拿在手里玩，所以说兔儿爷是唯一一个能拿手里玩的"神仙"。及至清代，兔儿爷渐渐在香案上消失了身影，成为一种时髦的玩具。

（3）拜月。在老北京，中秋节中最主要的习俗便是拜月。拜月的历史由来已久，早在秦汉之前的礼仪中，就有天子到国都西郊月坛祭月的规定。后来，贵族官吏纷纷效仿，而后再传到民间，形成了广为流行的中秋习俗。在旧时候，京城有"男不拜月，女不祭灶"的传统，所以，每逢中秋节的黄昏，一轮明月升起之时，家家户户的女眷都会在自家庭院的东南角设一香案，供上"月光马儿"。拜月时，月光马儿是必不可少的，就是非常大的一张草纸，印一些神符，上半截印太阴星君，下半截印月公、兔儿爷。然后糊在秫秸秆上，插在中间。过去有个儿歌，"月光马，供当中"，讲的就是供月光马儿的事。另外，在香案上还会摆上至少三盘月饼、三盘水果，案前放上毛豆枝子、鸡冠子花、切成莲花瓣形的莲瓣西瓜和九节藕。待月亮升起后，大约晚上八九点的时候，妇女开始一一向月而拜。拜月的程序结束后，一家人围着桌子坐，边饮团圆酒，边吃团圆月饼，呈现一派温馨、快乐的场景。饭后，有条件的人家可以到北海、陶然亭等地赏月。没条件的，就在院里摆上一口缸，观赏其中的月影。

除此之外，老北京人过中秋节还有这样的习俗：

在中秋节那天的中午时分，有糊窗户的习俗，因中秋过后天气渐凉。据说中秋午时糊窗户，能把"老爷儿"（太阳光）糊在屋里，一冬不冷。

老北京，中秋要放三天假。十三到十五日，学生也不上课。

老北京过中秋还有送礼的习俗。有史料这样记载："中秋，大家互送礼节……赏奴仆钱，铺户放账帖，每节如此。"

中秋节的习俗中也有禁忌，如在祭月摆供时不能放梨，因"梨"与"离"同音，此乃团圆节之大忌。

老北京重阳节的习俗

　　重阳节的历史非常悠久，距今已经有两千多年的历史了。这个名称最早出现在三国时代，曹丕所著的《九日与钟繇书》中有这样的记载："岁往月来，忽复九月九日。九为阳数，而日月并应，俗嘉其名，以为宜于长久，故以享宴高会。"从这段记载中我们可以看出，"九"为阳数，九月九，两九相重，古人认为是一个值得庆贺的吉利日子。魏晋时期，民间有了在九月初九这天赏菊、饮酒的风俗。及至唐朝，九月九日才被正式定为重阳节，成为正式的民间节日。从此以后，每年的这个日子，民间都会举行各种各样的仪式活动，以示庆祝。

　　说起重阳节，很多人都会想到"登高"这一习俗。在老北京人的心目中，金秋九月，天高气爽，在这个日子里登高远望可以免灾避祸。关于重阳节登高的习俗，还有一个传说故事呢！

　　相传在东汉时期，汝河里住着一个凶狠的、被称为"瘟魔"的怪物。只要瘟魔一出现，周围的老百姓就要遭殃，几乎每家都有人病倒，甚至丧命，弄得这一带人心惶惶，老百姓为此愁眉不展。其中有一个叫恒景的人，他的父母都在瘟魔的作恶下因病而死了，他自己也因此差点儿丧命。从病魔中活过来的恒景决定去外地访仙学艺，为乡亲们除去瘟魔。于是他依依不舍地辞别了媳妇和年幼的儿子，踏上了学艺之路。他四处访师寻道，访遍各地的名山高士，终于打听到在东方有一座最古老的山，山上有一位法力无边的仙长。恒景不畏艰险，在仙鹤指引下，终于找到了那位仙长。仙长听他细说了目的后，被他的精神所感动，将降妖剑术毫不保留地教给了他，还把宝贝的降妖宝剑送给了他。经过一年的勤学苦练后，恒景终于将仙长的降妖剑术学会了。一天，仙长对恒景说："明天就是九月初九了，在这天瘟魔又会出来作恶，如今你已经将消灭它的本事悉数学会，可以回去消除这个孽障了！"临走的时候，仙长送给恒景一包茱萸叶，一盅菊花酒，并且密授避邪用法，让恒景骑着仙鹤赶回家去。在九月初九这天的早晨，恒景回到了家乡。还没有来得及回家看看，他就马上将乡亲们喊来，按照仙长的叮嘱，吩咐乡亲们登上家附近的一座山，并且发给每人一片茱萸叶，一壶菊花酒，作好了降魔的准备。及至中午时刻，在一连串的怪叫声中，瘟魔出现了，但是它刚扑到山下，闻到阵阵茱萸奇香和菊花酒气时，突然脸色大变，停下了脚步。看到这情景，恒景赶紧手持降妖宝剑追下山来，与瘟魔搏斗了几个回合，就将它刺死了。老百姓们为了感谢恒景的大恩大德，也为了纪念这个除掉恶魔、恢复安宁的日子，就把九月初九重阳节登高的风俗看作是免灾避祸的活动，年复一年地流传了下来。

每逢重阳佳节，老北京人中的老一辈都喜欢向孩子们讲述这个大快人心的故事。从这个故事中，孩子们也对重阳节有了更深的了解。

老北京人对重阳节非常重视。在重阳节时，除了有登高的习俗外，还有佩戴茱萸、赏菊、饮菊花酒、吃花糕、食烤肉、涮羊肉、吟诗作赋等习俗，·直流传至今。

登高。在老北京，重阳节有登高的习俗。明清时，北京地区登高颇盛，《燕京岁时记》云："京师谓重阳为九月九。每届九月九日则都人提壶携楹，出都登高。"在这天，紫禁城中的皇帝都会亲临万岁山（如今的景山）登高拜佛，祈求福寿平安，并观览京城风光。旧时候，老北京人喜欢登的是西山八大处、香山、五塔寺、北海、景山五亭、陶然亭等地，在登山的过程中，玩到高兴时，还会吟诗作赋、吃烤肉。对此，《燕京岁时记》就有记载："凡登高，必赋诗饮酒，食烤肉，泂一时之快事。"

吃花糕。"中秋才过近重阳，又见花糕各处忙。"吃花糕是老北京重阳节时必不可少的习俗之一。不仅民间风行制作吃食花糕，在清代宫廷里，重阳节时也要举行"花糕宴"。周密写的《武林旧事》一书中记载："九月九日重阳节，都人是月饮新酒，汎萸簪菊，且各以菊糕为馈，以糖肉秫面糕为之，上缕肉丝鸭饼，缀以榴颗，标以彩旗。"明代沈榜的《宛署杂记》上也说："九月蒸花糕，用面为糕，大如盆，铺枣二三层，有女者迎归，共食之。"从中足见花糕在当时的流行程度。据说这一习俗与登高习俗有关。"糕"和"高"同音，作为节日食品，最早是庆祝秋粮丰收、喜尝新粮的用意，之后民间才有了登高吃糕，取步步登高的吉祥之意。在旧时候，北京的花糕种类非常多，有糟子糕、桃酥、碗糕、蛋糕、萨其马等酥饼糕点，也有糕上码有花生仁、杏仁、松子仁、核桃仁、瓜子仁五仁金银蜂糕，还有用油脂和面的蒸糕、将米粉染成五色的五色糕等。而且，在那时候，花糕还像如今的月饼一样，是京城老百姓馈赠亲友的佳品。

赏菊、饮菊花酒。赏菊、饮菊花酒是老北京人过重阳节的另一个风俗。菊花，是我国长寿名花，又名"延寿客"。早在屈原笔下，就已有"夕餐秋菊之落英"之句，即服食菊花瓣。晋代葛洪在《抱朴子》中记河南南阳山中人家，因饮了遍生菊花的甘谷水而延年益寿的事。重阳节赏菊的风俗习惯古已有之，所以也有人称重阳节为菊花节。待到重阳节这天，京城里会举办各种赏菊大会，那时候整个北京城的老百姓都会来到赏菊大会上赏菊、饮菊花酒。除此之外，老北京人还喜欢去天宁寺、景山公园、中山公园的唐花坞等地去赏菊观景。在清朝的时候，在重阳节

这天，老北京人喜欢将菊花枝叶贴在门窗上，为的就是"解除凶秽，以招吉祥"。清李静山《增补都门杂咏》曾有诗曰："天宁寺里好楼台，每到深秋菊又开，赢得倾城车马动，看花犹带玉人来。"菊花酒，在古代被看作是重阳必饮、祛灾祈福的"吉祥酒"。边赏菊，边饮菊花酒，边吟诗作赋，不可谓不滋润。重阳节饮菊花酒的习俗最早起源于晋朝大诗人陶渊明，陶渊明以隐居、作诗、饮酒、爱菊出名，后人效仿他，遂有重阳赏菊的风俗。

佩茱萸。老北京还风行九九插茱萸的习俗，所以又把重阳节称为茱萸节。茱萸的全称是吴茱萸，是一种可以做中药的果实，也叫越椒或艾子，

秋后成熟，果实嫩时呈黄色，成熟后变成紫红色，有温中、止痛、理气等功效。茱萸叶还可治霍乱，根可以杀虫，素有"吴仙丹"和"辟邪翁"之称。老北京人认为九月初九也是逢凶之日，多灾多难，所以在重阳节人们喜欢佩戴茱萸以辟邪求吉。但是在近代，佩茱萸的习俗逐渐少见了。其变化的因由大概是，茱萸在早期民众的生活中强调的是避邪消灾，随着文明的进步，人们对未来生活给予了更多的期盼，祈求长生与延寿。所以"延寿客"（菊花）的地位最终盖过了"避邪翁"（茱萸）。

接出嫁的女儿。除了以上习俗外，在老北京还有一个独特的习俗，那就是在这天要将出嫁的女儿接回来。这个习俗如今在北京的郊区还流行着。在重阳节这天，天刚明，娘家人就备着名酒、糕点、水果去接女儿回家了，谓之"归宁父母"。将女儿接回家后，父母要取片糕搭在女儿额头上，一边搭一边还说着祝福的话："愿儿百事俱高。"所以重阳节又被称为"女儿节"。

如今，老北京很多重阳节习俗已经逐渐消失了，然而在民间登山登高、买菊赏菊、吃花糕、食烤肉、涮羊肉的风俗仍盛行不衰。

第九章

老北京商业传奇

王致和臭豆腐的由来

北京的老字号中，一提起王致和，几乎没有人不知道的，尤其是它的臭豆腐，更是无人不知，无人不晓。可谓是：王致和凭借着一个"臭"字名扬万里，传遍了全中国。那么，这闻着臭吃着香的臭豆腐是怎样的一个由来呢？

相传康熙年间，安徽青年王致和赴京应试落第后，决定留在京城，一边继续攻读，一边学做豆腐以谋生。可是，他毕竟是个年轻的读书人，没有做生意的经验。夏季的一天，他所做的豆腐剩下不少，只好用小缸把豆腐切块腌好。但日子一长，他竟忘了这缸豆腐，等到秋凉时想起来，腌豆腐已经变成了"臭豆腐"。王致和十分懊恼，正欲把这"臭气熏天"的豆腐扔掉时，转而一想，虽然臭了，但自己总还可以留着吃吧。于是，就忍着臭味吃了起来，然而，奇怪的是，臭豆腐闻起来虽有股臭味，吃起来却非常香。

于是，王致和便拿着自己的臭豆腐去给自己的朋友吃。好说歹说，别人才同意尝一口，没想到，所有人在捂着鼻子尝了以后，都赞不绝口，一致公认此豆腐美味可口。王致和借助这一错误，改行专门做臭豆腐，生意越做越大，而影响也越来越广。清末时，连慈禧太后也慕名前来尝一尝美味的臭豆腐，并对其大为赞赏。

从此，王致和臭豆腐身价倍增，还被列为御膳菜谱。直到今天，许多外国友人到了北京，都还点名要品尝这所谓"中国一绝"的王致和臭豆腐。

因为一次失败，王致和改变了自己的一生。

天福号酱肘子的传奇故事

"天福号"是具有260余年历史的"中华老字号"，是现今北京市天福号食品有限公司的前身，始创于清乾隆三年，创始人是山东掖县人刘凤翔。天福号最负盛名的是其酱肘子，曾经九城闻名，家喻户晓，肘子色呈糖色，皮贴在肉上，提拉起来不碎不散，肥而不腻，瘦而不柴，皮不回性，到口酥嫩。

北京人大都知道慈禧特别爱这口，这说起来还有一段掌故。

乾隆三年（1738年），山东掖县人刘凤翔带着子孙北上京城谋生，其间结识了一位山西客商，凭着自己的做酱肉的手艺，便与山西客商合伙在西单牌楼东拐角处开了一家酱肉铺，主要经营酱肘子、酱肉和酱肚。由于店堂狭小，又无名无号，大家都不是很认可，所以生意一直不景气。山西客商觉得这次投资不能给自己带来收益，便撤股了，店铺由刘家独自经营。有一天，刘凤翔到市场进原料，在旧货摊上看到一块旧匾，上书"天福号"三个颜体楷书，笔锋苍劲有力。刘凤翔认为"天福号"含有"上天赐福"之意，作为店铺字号再好不过，于是他便买下牌匾，重新上漆，把牌匾粉饰了一遍，挂于酱肉铺的门楣上。有了字号的店铺，顾客渐渐多了起来，生意日渐兴隆，天福号也在京城有了名气。

有一次，刘凤翔的后人刘抵明看守锅灶，由于白天工作了一天，身心疲惫，夜间又无人与他聊天打发漫漫长夜，便打起了瞌睡，不知不觉就睡

着了。等醒来时，发现锅里肘子煮过了，无法上柜，顿时急得满头大汗，急忙把师傅叫醒，看有什么办法能够找补回来，师傅对他也是一顿埋怨，也没有什么好办法，便往锅里加汤加料，希望明天能够上柜。就这样折腾到天亮，肘子出锅时，和原来的样子完全不一样，而且味儿也跟从前的大不相同，勉强上柜，这时刘抵明直揪心，怕那些老主顾不认，正犯嘀咕时，经常买天福号肘子的一位刑部官员前来买肘子，看到与原来有些差别的酱肘子，便当场尝了一下，吃过后连声称好，不吝赞美之词，完全出乎刘抵明的意料。此后，刘抵明便如法炮制，结果大受欢迎。

勤于钻研的刘抵明认真研究，总结出一套独特的制作方法，并在选料、加工上严格把关。从此以后，酱肘子的质量越来越好，天福号的名气也越来越大，有好几位达官显贵和刑部大臣一道，成了"天福号"的老主顾，就连清宫里的慈禧太后也叫人专门来买酱肘子了。慈禧老佛爷吃后觉得天福号酱肘子又酥又嫩，不腻口不塞牙，一个劲地夸好。为了每天能尝鲜儿，慈禧便赐给天福号一块进宫的腰牌，规定每天按时按量把肘子送进宫，天福号的酱肘子遂成了清王朝的"贡品"，从此，名扬京城。

"中华第一吃"全聚德知多少

说到全聚德，就让人想起烤鸭；想起全聚德烤鸭，有人就垂涎欲滴。国内外的游客来到北京都要品尝一下全聚德烤鸭，并对其赞扬有加："不到长城非好汉，不吃全聚德烤鸭真遗憾。"有的游客临走之时，还要买上几只烤鸭，带给自己的亲朋好友。多个国家和地区的元首、政要人员也曾光临过全聚德，并不吝赞美之词地表达对全聚德烤鸭的喜爱，足见全聚德的魅力和文化内涵。

那么，对于这样一个历经百年沧桑老店，我们又知道多少呢？

全聚德，中华著名老字号，被称为"中华第一吃"，创建于清同治三年（1864年），创始人杨寿山，字全仁，河北人。杨寿山刚从河北来到北京时，在前门外肉市街做生鸡生鸭买卖，深谙贩鸭之道，生意做得非常红火，再加上他过日子省吃俭用，积攒了不少银两。杨寿山每次出摊时，都会路经一家干果铺，名叫"德聚全"。这间铺子地理位置优越，招牌也醒目，本应门庭若市，生意红火，但其生意却不好，很少有人光顾。到了同治三年（1864年），经营状况更是不佳，近乎倒闭关张。精明的杨寿山把这一切都看在了眼里，便拿出贩卖鸡鸭这几年的积蓄，盘下了"德聚全"的店铺。

我们都知道，以前的钱庄、商店、客栈、商行等都有自己的字号，杨寿山有了店铺之后，也想给自己的店铺起个字号，考虑半天也没有个定论，便请了一个风水先生前来商议，看看先生有没有什么高见。风水先生来到店铺中，在铺中转了两圈，对店铺的风水走向是大赞，并告诉杨寿山如果把旧字号"德聚全"倒过来，起名"全聚德"，除其先前晦气，前程将不可限量，生意必将红火。杨寿山听后非常满意，便把店铺名定为"全聚德"。后来请了一位颇有名气的秀才钱子龙，书写了"全聚德"三字，制成金字匾额挂在门楣之上。

"全聚德"闪光的金匾，一挂就是百余年，细心的朋友会有疑问，怎么匾额上的"全聚德"之"德"字少一笔横呢？

有人说杨寿山创店之时，为了让大家齐心协力把店铺的生意做大，故意让秀才钱子龙少写一笔，寓意大家心上不能安一把刀，要安心干活。还有人说是钱子龙笔误，杨寿山把秀才请来后，便好菜好酒款待，谁知这秀才不胜酒力，写字时精神恍惚，漏写了一笔。当然这些都是传说，无从考证，其实，"德"字在古代可以有一横，也可以没有这一横，喜欢书法的朋友可以在唐宋元明清一些书法家的笔迹中印证这一点，北宋真宗年间铸造的货币"景德通宝"的"德"字就没有横，而明宣宗年间铸造的货币"宣德通宝"的"德"字就有横。可见，"德"字有没有一横都可以认为是正确的，所以现在我们看到的匾额"全聚德"中的"德"字少一横。

全聚德在杨寿山的精心经营下，生意蒸蒸日上，正是验了风水先生的那句话。为了让生意更加兴隆，杨寿山花重金把在宫廷做御膳挂炉烤鸭孙老师傅请到全聚德，孙师傅对挂炉做了一些改进，烤出的鸭子不仅丰盈饱满、颜色鲜艳，而且皮脆肉嫩、鲜美酥香，为全聚德烤鸭赢得了"京师美馔，莫妙于鸭"的美誉。

如今的全聚德，不仅以烤鸭享誉海内外，全聚德的厨师在制作烤鸭的同时，还利用鸭的舌、脑、心、肝、胗、胰、肠、脯、翅、掌等为主料烹制不同美味菜肴，形成了以芥末鸭掌、火燎鸭心、烩鸭四宝、芙蓉梅花鸭舌等为代表的"全聚德全鸭席"。现在，作为中华老字号的"全聚德"不仅仅是在做生意，它还在传播中华民族的饮食文化。

老字号"便宜坊"的故事

便宜坊烤鸭店是北京著名的"中华老字号"饭庄，创立于明朝永乐十四年（1416年），距今已有近600年的历史，是中国商务部首批认定并授予牌匾的"中华老字号"。

便宜坊的"焖炉烤鸭"是北京烤鸭两大流派之一，皮酥肉嫩，口味鲜美，享誉京城。又因其烤制过程鸭子不见明火，保证烤鸭表面无杂质，又被现代人称为"绿色烤鸭"，可谓是馈赠之佳品。

很多顾客看了"便宜坊"这个名号，可能会觉得奇怪，说："'便宜坊'三个字让人乍一看是便宜货的意思，不好听呀！"其实，这个"便"是便利的"便"（biàn），这个名号本意是"便利人民，宜室宜家"之意。说起这个名字还是有来历的。

据说，明嘉靖三十年（1552年），兵部员外郎杨继盛在朝堂之上弹劾奸相严嵩，却反被严嵩诬陷。等下了朝，感觉非常郁闷：奸臣当道，却得不到应有的惩处。便在回去的路上漫无目的地走，以化解心中的苦闷。当来到菜市口米市胡同时，忽闻一股香气扑鼻而来，见一小店，此时他也是饥肠辘辘，便推门而入。进入店中，四下一看，店堂虽然不大，却干净优雅，宾客满堂。便找了个比较清静的桌子坐下，点了酒水、烤鸭及其他菜肴，把个烦闷与不快抛至九霄云外，大口吃肉，痛饮美酒。

此时，有人认出他是杨继盛，是爱国名臣良将，便告之掌柜。掌柜听说后，非常惊喜，赶紧上前伺候，端菜斟酒，对杨继盛表达钦佩之意。杨继盛也是一个性情耿直的人，两

个人聊得非常投机。攀谈的过程中，杨继盛知道这个店的名号是便宜坊，又见店家待客非常周到，于是感叹道："此店真乃方便宜人，物超所值！"于是命人拿文房四宝来，等笔、墨、纸、砚备齐，杨继盛伏案一挥而就三个大字"便宜坊"！众人看了都拍手赞好。此后，杨继盛与众位同僚经常光顾这家店，品尝焖炉烤鸭。便宜坊也由此而名声远播。

如今的便宜坊烤鸭店，以焖炉烤鸭为招牌菜，鲁菜为基础的菜品特色，已经是集团企业。旗下老字号品牌众多，除了以焖炉烤鸭技艺独树一帜的"便宜坊烤鸭店"，还有乾隆皇帝钦赐牌匾的"都一处烧卖馆"、光绪皇帝御驾光临的"壹条龙饭庄"、建于清道光二十三年（1843 年）有"北京八大楼之一"称号的"正阳楼饭庄"，店铺多达 36 家。

如今，便宜坊正秉承"便利人民，宜室宜家"的经营理念，坚定地走在老字号餐饮品牌的传承与创新发展之路上。

中华老字号稻香村名称的由来

北京稻香村始建于清光绪二十一年（1895 年），创办人叫郭玉生，位于前门外观音寺，时称"稻香村南货店"，主要生产南味食品，属京城第一家，而且颇具特色，前店后厂，又被称为"连体店"。1926 年曾被迫关张，1984 年复业，复业后的"稻香村"继承了南味食品的传统工艺，坚持"诚信为本、顾客为先"的服务理念，"以发展传统的民族食品工业，为社会创造价值"为企业历史使命，在北京迅速发展。至今，已经拥有 22 个直营店和 24 个加盟店、一个食品配送中心及位于昌平区北七家高科技工业园的加工厂。

而且稻香村经营的产种类也不再单一，不仅有精细考究的各式糕点，还有新鲜而且香气扑鼻的熟肉及豆制品制成的全素宫廷菜、干果之类，稻香村营业部每天门庭若市。

关于"稻香村"的由来，有一个具有神话色彩的传说。据说，在江苏有一个小店，经营熟食生意，生意清淡，勉强糊口。突然一天晚上，店里来了一位讨饭的瘸腿汉子，老板心善，见此人残疾，觉得非常可怜，就送了些东西给他吃，并在店内一个角落里铺上稻草，留其住宿。第二天清早，瘸腿汉子却不辞而别，老板便把他睡过的稻草拿去烧火煮肉，谁知煮出的肉竟然香味扑鼻。于是老板便大肆宣扬，说瘸腿汉子不是凡人，而是"八仙"之一的铁拐李下凡，遂将店名改为"稻香村"。从此，他的生意逐渐兴旺，其字号"稻香村"也被人争相使用。郭玉生知道此事后，1895年，便带着几个熟知南味食品制作工艺的伙计北上京城，开创了生产经营南味食品的"第一家"，店名就叫"稻香村"。

上面这个传说故事流传得最广。其实，除了以上这种说法外，还有另外其他的说法。有说，"稻香村"之名取自曹雪芹的《红楼梦》中大观园的稻香村。也有说"稻香村"之名缘于"一畦春韭熟，十里稻花香""稻花香里说丰年，听取蛙声一片""新城粳稻，五里闻香"等诗词。还有人说稻香村之名来自徐珂的《清稗类钞》，因为书中有云："稻香村所鬻，为糕饵及蜜饯花果盐渍园蔬食物，盛于苏。"……关于稻香村的名字来历，至今未达成统一说法。但不管到底哪种说法是真的，仅从这些诗词就可以看出，用"稻香"二字做糕点铺的字号，的确美妙，形色味兼具，这也难怪有那么多的人喜欢用"稻香村"之名了。

你了解同仁堂的发展历史吗

提起中药，就会让人想到同仁堂。同仁堂创办于清康熙八年（1669年），历经数代、载誉300余年。自雍正元年起，开始向清皇宫御药房供给药材，历经八代皇帝，长达188年，如今已经发展成为跨国经营的大型国有企业——同仁堂集团公司，全国中药行业著名的老字号。

同仁堂的创始人是乐显扬，号尊育，祖籍浙江宁波府慈溪县，今江北区慈城镇。乐显扬祖辈就开始行医，明永乐年间，他的曾祖父举家迁到北京，手摇串铃，奔走在大街小巷，行医卖药，在当时被称为"铃医"，到乐显扬已经是乐家第四代传人。清朝初期，乐显扬出任清皇宫太医院的吏目，期间收集了大量的民间验方、家传秘方及宫廷秘方。康熙八年，乐显扬辞官回家，在西打磨厂筹备创建了一个药室，由于他认为"同仁二字可以命堂名，吾喜其公而雅，需志之"，便为药室取名为"同仁堂"。

1702年，乐显扬的第三子乐凤鸣将药铺迁至前门大栅栏路南。乐凤鸣恪守祖训，持续祖业，在宫廷秘方、民间验方、家传秘方基础之上，总结制药经验，写成《乐世代祖传丸散膏丹下料配方》一书，并提出训条："炮制虽繁必不敢省人工，品味虽贵必不敢减物力。"这使得同仁堂名声大振。1723年，皇帝钦定同仁堂供奉清宫御药房用药，独办官药。1900年，八国联军入侵北京，同仁堂药店被毁，损失巨大，经营状况艰难。

随着解放战争的一个个捷报，新中国成立前夕，乐氏第十三代传人乐松生接任同仁堂经理。1949年，同仁堂获得新生，重新装修店面。1954年，乐氏第十三代传人乐松生带头申请公私合营，并成为同仁堂合

营后的首任经理。1957 年，同仁堂有一创举，开设中药提炼厂，实行中药西制。

1989 年，国家工商行政管理局商标局将全国第一个驰名商标授予同仁堂，同年，"同仁堂"商标申请马德里国际注册的商标。

同仁堂以"弘扬中华医药文化，领导'绿色医药'潮流，提高人类生命与生活质量。"为自己的使命，1991 年，同仁堂制药厂荣升为国家一级企业，次年七月，中国北京同仁堂集团公司组建成立。

而今，同仁堂已经是规范化制度的责任有限公司，拥有现代制药业、零售商业和医疗服务三大板块，境内、境外两家上市公司，零售门店 800 余家，海外合资公司（门店）28 家。

北京人买药，就认同仁堂，外地人到北京旅游观光，也喜欢到同仁堂看看这百年老店。同仁堂作为中华老字号，似一个中药文化博物馆，她带给人们的不只是一种产品，而是一种文化——重义、爱人、厚生的文化。

老字号鹤年堂的故事

说起北京的老字号，每个人都能举出很多名号，有的甚至还能详解一些老字号的故事，让听者啧啧称赞。这些老字号大都是几十年前乃至百年前出现的，如果按照创建时间先后顺序来算的话，在北京城中，最古老的当属位于菜市口的"鹤年堂"了，可以说是真正的老北京了，距今已经有600多年的历史，比故宫还要早10余年，比地坛要早120余年。在民间素有"丸散膏丹同仁堂，汤剂饮片鹤年堂"的美誉。1999年，被授予"中华老字号"称号。

鹤年堂成立于永乐三年（1405年），地址在现西城区菜市口大街铁门胡同迤西路北，与牛街相邻，与丞相胡同相对，由著名诗人、医学养生大家丁鹤年创建。

丁鹤年出身医药世家，深得中医药之精髓，养生之真谛。当时，战乱不断，百姓生活在水深火热之中，再加上瘟疫肆虐，疾病横行，百姓生活更是困苦不堪。丁鹤年便立下了一个志向，即成为一名好医者，不再让百姓受疾病的折磨。在行医的过程中，他还积累了许多民间验方，并收集了许多民间中草药。而且，在行医治病的同时，他还与一些名人隐士谈诗论道，切磋易理，探讨养生之法。他以自己的医疗实践经验对中医学核心理论——阴阳学说进行分析研究，并逐步有了自己的一些独到的见解和认识。等天下安定之后，1405年，七十岁高龄的丁鹤年便开始实现自己当年的大志，在牛街附近的菜市口创办药铺，取汉族民俗"松鹤延年"之意，以自己的名字为药铺起名为鹤年堂。

鹤年堂立店以后，以其丰富的养生理论和方法充分发挥了中医药的作用，效果显著，深受历朝历代皇亲国戚、名人嘉士及庶民百姓的推崇。其中有名的，就是抗倭英雄戚继光，为称赞鹤年堂药材品质之精良、药方之经典，写下"撷披赤箭青芝品""制式灵枢玉版篇"。还曾亲笔书写体现鹤年堂养生理念精髓的两块牌匾"调元气"和"养太和"。这两块牌匾中间悬挂的是"鹤年堂"匾额，相传，此匾的三个大字"鹤年堂"是明朝首辅、权倾朝野的严嵩亲笔手书。经过多年的发展，鹤年堂的养生理论和方法更加丰富和完善，逐渐形成了食养、药膳、动调、中医诊疗于一体的中医药养生大家。2005年年底，国家有关部门正式宣布鹤年堂为"京城养生老字号，历史悠久第一家"，并颁发了匾额和证书。

有着600多年历史的鹤年堂，有着许多的历史典故和传说，而且好多名人都与其沾点儿边，严嵩、杨椒山宅邸都在附近；曾国藩、左宗棠、刘光第、蔡元培等曾住在这条胡同；李大钊曾在胡同内创办《晨钟报》。谭嗣同、鲁迅、康有为等故居都在附近，与鹤年堂近在咫尺。鹤年堂就处在这个文人、政坛名流汇集的闹市区的中心地段，招牌非常醒目，据载，一度被作为方位物，有"看见鹤年堂就算进了北京城"之说。

名人和历史典故演绎了鹤年堂六百多年的历史传奇，在这数百年的历史长河中，鹤年堂在几代继承人的带领下，对中华传统医药进行了孜孜不倦的追求，传承中医，发展出了独特的养生理论以及治病处方，使鹤年堂以医术精湛、药力独到、养生有方而声名远播，成为历代名家救死扶伤的殿堂。

张一元茶庄是如何发展起来的

说起张一元茶庄，老北京人有一句顺口溜，说：吃点心找"正明斋"，买茶叶认"张一元"。可见百姓对张一元茶庄的认可。现在，张一元茶庄现在已经发展成为北京张一元茶叶有限责任公司，仍然深受百姓的喜爱。

张一元是北京著名的老字号，始建于清光绪二十六年（1900年），已有百余年的历史，创始人张昌翼，字文卿，原籍安徽省歙县定潭村。起初，店铺开在花市，起名"张玉元"，1906年在前门大栅栏观音寺开设的第二家店，才取名"张一元"，店名取自"一元复始万象更新"之意，寓意开业大吉，不断地发展创新。1908年在前门大栅栏街开设了第三家店，同样取名"张一元"，称"张一元文记"茶庄。

开了茶庄后，为了使买卖永远兴旺发达，不会衰落，张昌翼在福建开办茶场，并亲自熏制。他根据京城及北方人的口味，进行窨制、拼配，逐渐形成了具有汤清、味浓、入口芳香、回味无穷特色的茉莉花茶，而且，张一元茶庄茶叶品种齐全、质优而价廉，对待顾客态度和气，这些都深得老百姓认可。自然，茶庄的生意是非常红火，直到张昌翼去世，虽然委托给外人代管经营，但经营状况也毫不逊色。

然而，1937年七七事变后，北京沦陷，各行各业都开始凋敝，张一元茶庄的营业便开始萧条下来，尤其是1947年的一场大火，让茶庄损失惨重。为了生计，店员便到街上去摆摊经营，直到新中国成立后，1952年，观音寺张一元茶庄与大栅栏的张一元文记茶庄合并，才得以继续发扬老字号的优良经营传统，并在保证茶叶质量情况下，对茶叶品种进行了更新、改造、调整、增加，受到消费者的欢迎。

1992 年，以张一元茶庄为主成立了北京市张一元茶叶公司，公司成立后，不断创新经营，把握市场，并逐渐掌握消费结构的发展方向，多方努力，使茶庄的传统风格的品种重新得到恢复和发展，弘扬了张一元老字号传统。

为了让更多的人了解到中国茶文化的博大精深，收获更多的茶文化知识，2006 年，公司建立了具有传统特色的书茶馆——张一元天桥茶馆，其内部装饰古香古色，散发着传统文化气息，让人们在品茶的同时，不仅能学到茶文化的知识，还能欣赏到相声、评书、戏曲等老天桥民俗文艺演出。

至今，茶庄还有"金般品质，百年承诺""一元复始，万象更新"老店的遗风，张一元仍在不断地努力，让中国的茶文化发扬光大，与中国的茶人一起，做有品质的茶，有文化内涵的茶，让中国茶的香味飘满世界。

北京内联升鞋业有哪些经营之道

老北京人有句口头禅：头顶马聚源，脚踩内联升，身穿八大祥，腰缠四大恒。这里说的"脚踩内联升"，是说脚穿内联升的鞋子是身份的象征。北京曾有句老话"爷不爷，先看鞋"，有双好鞋脸上才有光彩，那么北京的好鞋在哪里呢？当然是内联升了。

内联升的鞋不只是一件衣饰那么简单，已经是奢侈品了。这与其创业初期的客户定位不能说没有关系。内联升始建于清咸丰三年（1853 年），创始人赵廷，天津武清人。他在一家鞋作坊里学得了手工制鞋的技术，并积累了一定的管理经验，在一位大将军的入股下，在东江米巷（今东交民巷）开办鞋店，起名内联升。当时，专门为官员们做鞋子的店铺非常少，赵廷便把客户群定位在了皇亲国戚、朝廷文武百官，为他们制作朝靴，可以说内联升走在了奢侈品行业的前沿。而且其名字也有很好的寓意，"内"指大内即宫廷，"联升"寓意顾客穿上内联升制作的朝靴，可以在朝廷官运亨通，连升三级。

内联升不仅定位精准，其制作也非常精细，内联升制作的朝靴鞋底厚达 32 层，每平方寸用麻绳纳八十余针，针码分布均匀美观。还有其服务比较细致，凡是来过店内买鞋的文武官员，内联升都把这些官员靴鞋尺码、式样等逐一记载在档，如果顾客再次买鞋，只要派人告知，便可根据档案按照要求很快做好送去，这些记载都在《履中备载》中。还有其用料比较讲究，所以内联升的朝靴深受这些文武百官的喜爱。

内联升制作的朝靴以其独特的经营理念，加上店名的吉祥寓意，声誉日渐显赫，其生意也是蒸蒸日上，在东江米巷一待就是 47 年。然而，1900 年八国联军入侵，东江米巷被焚，内联升在这次战火中也被毁掉。赵廷为了恢复内联升，四处筹钱，后又在奶子府重新开业。但是不到两年，袁世凯在北京发动兵变，内联升在兵乱中被洗劫一空，赵廷遭到了沉重的打击，不久去世，其子赵云书继承家业，把内联升搬到了廊坊。此时的内联升身处困境，便把朝靴的制作技艺延伸到普通布鞋中，从专为达官贵人服务变为面向社会大众，但是仍然采用传统的技艺，保留有传统的特色。1956 年公私合营时，内联升才又迁址到大栅栏街。

现在的内联升，已经是股份制公司，总店坐落在繁华的前门大栅栏商业街 34 号，是目前国内规模最大的手工制作布鞋的生产企业，销售形式零售兼批发，被中国商业联合会授予"中国布鞋第一家"称号，2007 年被北京市政府列入重点保护《非物质文化遗产名录》。其千层底布鞋制作工艺继承了传统民间的工艺，精选纯棉、纯麻等天然材料，并在此基础上进行了大胆的创新，不仅工艺要求高，而且制作工序也多，纳底的花样多，绱鞋的绱法及样式多。其自产鞋的花色也是多种多样，适合各种人群，深受百姓的青睐。虽然服务于百姓，内联升仍然坚持"以诚相待、童叟无欺"的经营理念。

你了解京城老字号荣宝斋吗

荣宝斋是驰名中外的中华老字号，至今已有 300 多年历史，其前身为"松竹斋"，始建于清朝康熙十一年（1672 年），创办者是一位浙江籍的姓张的人，他在北京做官，用其在京做官的俸禄开办了一家小型南纸店，坐落在北京市和平门外琉璃厂西街。

创建之初，纸店主要经营纸张、笔、墨、砚、墨盒等文房用具，喜庆寿屏，书画篆刻家的笔单，生意虽不是特别红火，但是收入还算稳定比较可观，在琉璃厂小有名气。当时正值天下太平的时代，朝中的大臣也没有什么事，为了显示自己对国家之事的尽心，在审阅外省官吏的奏折时，多提出一些问题，比如有字不工楷正韵，款式不符，有涉当今圣上忌讳的等。外省为官的官员大都谨慎上奏，稍有疏忽，如被朝中审阅奏折的大臣发现，轻则降职，重则乌纱难保。松竹斋深知奏折关系其人前程，对于此事十分留心，对质量严格把关，凡售出者，绝无丝毫毛病，用主买去准可放心。用过松竹斋产品的官员告知其他官吏，因而各省疆吏皆知松竹斋货物可靠，都从此处购买纸张、笔墨等。因其承办官卷、官折而得名，声名大噪，生意更见发达。

后来，松竹斋的店主对经营之道不精，又不上进，生意日渐败落，尤

其是鸦片战争以后，中国的社会经济状况也每况愈下，各行各业都不景气，原来顾客盈门的松竹斋也濒于破落，到了难以维持的境地。店掌柜为了将这个信誉卓著的老店维持下去，下决心改革创新，专门聘请了当时广交京师名士的庄虎臣为经理。并于清光绪二十年（1894 年），将店名松竹斋改为荣宝斋，取"以文会友，荣名为宝"之意，请当时书法家陆润庠题写了荣宝斋的大字匾额，悬于门楣。这样，店铺才有了新的起色，生意蒸蒸日上。文人墨客们常聚于此地，相互交流。

1896 年，荣宝斋又进行了一次大胆的尝试，开创木版水印事业，设"荣宝斋帖套作"机构。我们都知道，木版水印是中国特有的一种古老的手工印刷技术，用这种方法复制出来的画可以达到"乱真"的地步。荣宝斋做的木版水印，已经达到了中国木版水印的最高水平，无论是复制的小幅作品，还是大幅作品，都得到学者的赞美。其中最为著名的要数五代顾闳中的《韩熙载夜宴图》，此图制作历经八年之久，为后世公认的木版水印的巅峰之作。

　　荣宝斋作为三百多年的文化老店，和中国传统文化艺术紧密地连在一起，以其精湛的装裱、装帧和古旧破损字画修复技术为世人称道，从 1954 年复制第一批古画起，至今已经有近百件古代书画瑰宝陆续复制问世，可称得上是"前无古人"的辉煌业绩。2006 年，荣宝斋的木版水印技术，进入第一批国家级非物质文化遗产。